NOTICE

SUR

QUELQUES INDUSTRIES

DU DÉPARTEMENT DE LA GIRONDE

PAR

M. W. MANÈS

Extrait des Actes de l'Académie impériale des Sciences, Belles-Lettres et Arts de Bordeaux.

BORDEAUX

G. GOUNOUILHOU, IMPRIMEUR DE L'ACADÉMIE
ancien hôtel de l'Archevêché (entrée rue Guiraude, 11)

1860

NOTICE

sur

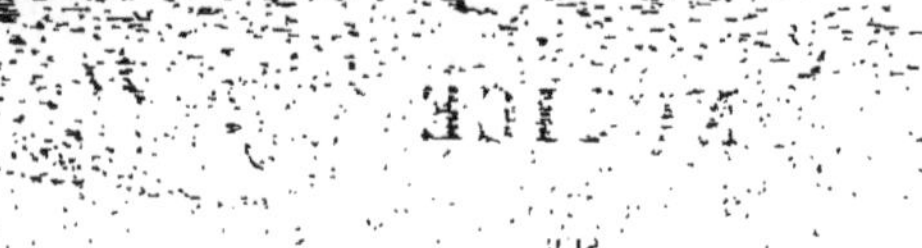

[titre illisible]

par

[auteur illisible]

BORDEAUX

[éditeur illisible]

NOTICE

SUR

QUELQUES INDUSTRIES

DU DÉPARTEMENT DE LA GIRONDE,

PAR M. W. MANÈS.

——⸱——

Je me suis proposé de donner dans cette Notice la description succincte des diverses industries qui se rattachent aux deux grandes cultures de la Gironde : celle de la vigne et celle du pin. J'ai pensé que les détails dans lesquels je vais entrer à l'égard de ces industries pourraient offrir quelque intérêt; puissé-je ne pas m'être trompé!

I. — CULTURE DE LA VIGNE.

La culture de la vigne, sans contredit la plus importante du département, doit à l'excellente nature et à l'heureuse situation des terres qu'on lui consacre, ainsi qu'à la douceur du climat sous lequel elle a lieu, de produire les vins les plus célèbres et les plus universellement connus.

Les soins multipliés et intelligents qu'elle reçoit de nos agriculteurs ont aussi contribué à la bonté de ses produits, et on peut dire que cette culture a été depuis longtemps portée par eux à un haut degré de perfection.

1860

1

Il y a cependant encore été introduit, dans ces dernières années, de notables améliorations par l'application du drainage, qui, exécuté dans les vignobles à sous-sol marneux, a fait succéder une végétation luxuriante à une végétation plus ou moins faible et débile.

La vigne occupe dans le département une superficie totale de 137,000 hectares; elle fournit du travail à une population de près de 110,000 ouvriers, et produit, par année moyenne, 2 millions d'hectolitres de vin d'une valeur d'environ 66 millions de francs.

Les vins de la Gironde se partagent en trois grandes classes, qui ont chacune leur mérite particulier, savoir : en vins de graves, qui se récoltent sur les collines silicéo-graveleuses de la rive gauche de la Garonne; en vins de côtes, se récoltant sur les coteaux argilo-calcaires de la rive droite de la même rivière; et en vins de palus, se récoltant sur les plaines argilo-alluvionnelles qui bordent la Garonne et la Dordogne.

Chaque classe a été encore subdivisée en un grand nombre de crûs ou de qualités dont les prix ont été gradués en raison de leur valeur relative. Ce classement, établi depuis des siècles et formant la base des opérations commerciales, a été fait généralement en prenant à la fois en considération la nature du sol, l'exposition, le choix des cépages, les soins donnés à la culture, et les précautions prises dans la vinification.

On a rangé dans les mêmes qualités les vins provenant de vignobles pour lesquels toutes ces conditions étaient les mêmes, et dans des qualités distinctes les vins provenant de vignobles pour lesquels quelques-unes de ces conditions étaient différentes.

Ce classement, dans lequel on a voulu voir une sorte de loi que le temps a consacrée et qu'il faut respecter, a d'ailleurs suscité plusieurs fois de vives réclamations de la part de propriétaires qui, ayant donné des soins mieux entendus à la culture de leurs vignobles et apporté des perfectionnements dans les procédés de vinification, ont mérité qu'une meilleure place leur fût assignée.

Arrêté sans prévision de l'influence que pouvaient avoir les vicissitudes du temps, ce classement me paraît encore devoir entraîner dans de graves erreurs par certaines circonstances atmosphériques. Ainsi, le vin que l'on récolte sur un sol siliceux à fond d'alios friable, se trouve placé dans une classe supérieure à celui que l'on récolte sur un sol siliceux à fond argileux; et néanmoins, dans une année où la température se sera pendant l'été maintenue très-chaude, le dernier vignoble aura pu conserver sa fraîcheur et arriver à une complète maturité, tandis que le premier, dont la sève aura été arrêtée par le dessèchement et dont le raisin n'aura pu mûrir qu'imparfaitement, donnera un vin bien inférieur.

Quoi qu'il en soit, la culture de la vigne a donné naissance, dans la Gironde, aux trois industries de la tonnellerie, de la verrerie et de la bouchonnerie, toutes bien dignes de fixer l'attention.

Tonnellerie.

La tonnellerie fabrique ces vases de toutes capacités qui sont composés de plusieurs douves reliées par des cercles, et sont fermés par un ou deux fonds, savoir : en vases à un fond, les cuves ou grandes tonnes dont on se sert pour le transport de la vendange et la fermentation du raisin; les douillards ou grandes bailles dans lesquels est reçu le vin sortant de la cuve, et d'où il est puisé pour être réparti entre les barriques destinées à le recevoir; en vases à deux fonds, les barils et demi-barriques, les tierçons du contenu de 18 veltes de 7,60 litres chacun; les barriques qui, pour être marchandes, doivent être du contenu de 29 à 30 veltes, et qui sont ordinairement comptées à 228 litres; les tonneaux de

4 barriques ou 912 litres, enfin les foudres de la capacité de plusieurs tonneaux.

En général, les grandes futailles devraient être préférées aux petites pour la conservation des vins; elles coûtent moins de fabrication pour le même volume de liquide contenu; les vins qu'on y loge s'améliorent en grande masse, et perdent moins en quantité et en spiritueux par l'évaporation.

La barrique, qui sert d'unité de mesure pour la capacité des vaisseaux vinaires, par sa forme à deux troncs de cônes égaux se joignant par leur grande base, réunit, à la solidité de la construction, la facilité du maniement. Cette unité n'est pas d'ailleurs la même pour les différents vignobles de France. Ainsi, la barrique bordelaise a une capacité différente de celle de la barrique de Bourgogne et aussi de la barrique de Champagne. Lors de l'établissement du système métrique, le Gouvernement voulut rendre les futailles uniformes, leur donner l'hectolitre pour base, et y comprendre depuis le demi-hectolitre jusqu'au kilolitre; il fixa d'une part la longueur ainsi que le diamètre du bouge et des fonds de chaque espèce pris intérieurement; d'autre part, la longueur, la largeur et l'épaisseur que devaient avoir les merrains au moment où on les achète pour les approprier aux différentes dimensions. Mais ces changements, qu'il eût été si utile de voir adopter, ne l'ont point encore été : les futailles ont conservé leurs anciennes dimensions, qui, fort différentes d'un pays à un autre, ainsi que mal définies et mal fixées, favorisent les fraudes, créent des difficultés ou occasionnent tout au moins des erreurs.

Les bois que la tonnellerie met en œuvre sont ceux de chêne, de châtaignier, de charme ou d'orme, de saule et de pin.

Les bois pour douves, appelés merrains, sont préparés dans les forêts et exclusivement composés de chêne, essence la plus convenable pour la construction des vaisseaux vinaires.

On employait autrefois beaucoup de merrains du pays, que l'on tirait de l'Armagnac, du Limousin, du Périgord et de l'Angoumois. Maintenant, on n'en emploie plus que fort peu, et on le remplace par les merrains qui viennent du Nord ou des bords de la Baltique, de Bosnie ou des bords de la mer Adriatique, ainsi que de l'Amérique septentrionale. Ces bois diffèrent d'ailleurs quant à la force et à la liaison de leurs fibres et quant à la faculté de se conserver plus ou moins longtemps sans se détériorer. Notre honorable collègue M. Fauré, a montré en outre que, par la proportion des principes solubles qui y étaient contenus, ils influaient d'une manière notable sur la qualité des vins. Examinés sous ces divers rapports, voici les observations auxquelles ils donnent lieu :

Le bois du Nord, qui a ses fibres très-résistantes et très-serrées, et qui est aussi d'une grande durée, occupe le premier rang dans la tonnellerie. Le merrain de Dantzick et de Stettin, riche en quercine à odeur balsamique, est le meilleur de tous et celui dans lequel les vins se conservent et se bonifient le mieux; mais son haut prix, qui n'est pas moindre de deux fois celui des bois du pays, fait qu'on ne l'emploie guère que pour les vins les plus précieux, soit en rouge, soit en blanc.

Le bois de Bosnie, à largeurs assez uniformes, à fibres également serrées mais cassantes, est très-facile à travailler et d'un assez bon emploi quand il est d'épaisseur convenable. Riche en tannin, il convient surtout pour les vins de palus, qui manquent de la quantité proportionnelle de cette substance qu'exige leur dépuration; mais il coûte presque aussi cher que le bois du Nord, et les douves qu'on en retire étant le plus ordinairement débitées sous de trop faibles épaisseurs, sont sujettes à se briser par le choc. Ce bois est employé pour les vins de deuxième qualité de l'arrondissement de Bordeaux et pour tous ceux de l'arrondissement de Blaye.

Le bois d'Amérique, à largeurs très-variables, à fibres moins serrées mais plus flexibles, est envoyé sous une forme qui augmente le travail des tonneliers, et livré à des prix peu supérieurs à celui du bois de pays. Il est d'ailleurs de beaucoup moins de durée que ce dernier, consomme beaucoup plus, et laisse même parfois suinter le liquide par ses pores plus ouverts. On l'emploie aujourd'hui pour la plus grande partie des vins rouges et blancs de l'arrondissement de Libourne.

Le bois du pays, devenu rare en raison de l'enlèvement qui a été fait dans ces dernières années d'une grande quantité de bois de construction pour la marine, n'est plus employé qu'en très-petite quantité dans les arrondissements de Libourne, de La Réole et de Bazas. Par son grain fin, sa ténacité et sa durée, il se rapproche des bois du Nord; par sa composition, il ressemble au bois de Bosnie. Le grand nombre de nœuds dont il est parsemé le rendent d'ailleurs difficile à travailler et le font délaisser par beaucoup d'ouvriers.

Les merrains étrangers se vendent généralement au millier de 1616; ils ont la longueur de 3 pieds (0^m975), convenable à la barrique, et sont appelés *longailles;* ou une longueur de cinq pieds (1^m624), suffisante pour une douelle et un maître-fond, alors ils sont nommés *pipailles*. Ces mêmes merrains sont encore dits d'épaisseur quand ils ont l'épaisseur de 2 centimètres environ; ou merrains à un, deux ou trois traits de refend quand ils peuvent être divisés en deux, trois ou quatre douves de 1 centimètre 1/2 d'épaisseur. Leur largeur varie de manière à lever de 16 à 20 douelles à la barrique.

Les prix présentent, selon la qualité des bois et le plus ou moins d'abondance des récoltes, des différences telles, que le millier de douves d'épaisseur et d'une seule longueur revient au prix de 800 à 900 fr. en bois du Nord, de 700 à 800 fr. en bois de Bosnie, et de 400 à 500 fr. en bois d'Amérique.

Les merrains du pays, ayant les dimensions suivantes :

    Longueur.......... 36 pouces = 0^{m}975
    Largeur............ 3 à 6 pouces = 8 à 16 cent.
    Épaisseur.......... 3/4 de pouce = 20 millim.

se vendent à ces diverses mesures suivant les lieux de provenance :

Ceux d'Armagnac, usités dans les environs de Langon, se vendent au prix de 500 à 650 fr., les 100 flèches devant suffire à la construction de 6 douzaines de barriques, plus 8 pièces. La flèche est composée de deux couches superposées, formées chacune de douves juxtaposées sur une surface de 36 pouces ou 1 mètre au carré.

Les merrains du Périgord et du Limousin, usités dans l'arrondissement de Libourne, se vendent aux prix de 350 à 400 fr. le millier de 1212, plus 600 fonçailles, devant fournir 5 douzaines de barriques, plus 5 pièces; ou au millier de 1252, plus 604 fonçailles, suivant que l'on donne le droit de rebuter les merrains qui paraîtraient défectueux ou qu'on oblige à prendre le bois tout venant.

Cette diversité de mesures pour les merrains appelle, comme celle citée plus haut pour les barriques, une réforme qu'il serait simple et facile de réaliser.

Les quantités de merrains étrangers, importés par année commune, peuvent être établies comme il suit : merrain du Nord, 400,000; merrain de Bosnie, 2,000,000; merrain d'Amérique, 3,600,000; total : 6,00,000 de merrains, qui, en tenant compte du nombre de traits de refend qu'ils comportent, équivalent à environ 15,000,000 de douves. La quantité nécessaire au reste des besoins est fournie par les merrains du pays.

Les bois pour cercles, appelés *feuillards,* se tirent des taillis de châtaigniers, que l'on coupe tous les cinq ans, ou des plants de saules que l'on émonde tous les trois ans. Les tiges propres à cet usage sont refendues sur les lieux, et débitées en paquets de 50 feuillards, auxquels on donne en ville la courbure voulue, et qui valent alors de 2 fr. à 2 fr. 50 c.

Les cercles de châtaignier, les plus employés, se tirent des cantons du Carbon-Blanc et d'Auros, où cette essence est cultivée avec le plus de succès.

On employait autrefois beaucoup de cercles en chêne, orme ou charme, pour les grandes futailles ; aujourd'hui, on se sert préférablement dans ce cas de cercles en fer laminé.

Les bois pour liens, ou vimes, se tirent des oseraies que l'on cultive dans les bonnes terres alluvionnelles et que l'on coupe tous les ans. L'osier ou vime se débite en bottes de 50 brins et en gerbes de 10 bottes. La gerbe, qui valait 3 fr. il y a une dizaine d'années, a plus que doublé de valeur depuis lors, par suite des ravages occasionnés dans les oseraies par le barbeau.

Les bois pour barres à barriques ou traversins se tirent des planches de pin, qui se travaillent chez le tonnelier, et se vendent 3 fr. à 3 fr. 50 c. la douzaine, composée de six planches carrées et de six croûtes. On fait encore avec ces planches de pins les doubles fûts ou fûts de doublage employés pour l'expédition des vins fins.

Enfin, les bois pour chevilles, dont le tonnelier fait une grande consommation pour retenir les barres ou traversins des fonds des futailles, se tirent de l'œuvre de châtaignier et se vendent 3 fr. le millier

La fabrication des futailles se fait à la main dans tout le département. Le tonnelier girondin arrive ainsi à les construire avec une grande perfection ; mais il n'en fait pas ordinairement plus de 6 à 9 par semaine, suivant qu'elles sont en bois du pays ou en bois étrangers; tandis que la fabrication à la mécanique, imaginée en Angleterre vers 1815, prépare les futailles de toutes dimensions avec la même perfection et une célérité cinq à six fois plus grande.

Ce dernier mode fut importé en France peu après son application en Écosse, et employé aussitôt sur plusieurs points, mais avec bien moins de succès, car il est peu de manufactures de ce genre qui se soient maintenues jusqu'ici, et on ne cite aucune de celles-ci dont les produits soient reçus avec faveur dans le commerce.

En 1838, on chercha à introduire cette fabrication à Bordeaux; l'usine qui fut alors montée à Bacalan par MM. Duret et Ce employa le système pour lequel notre collègue M. Baudrimont s'est fait breveter, et qui consiste à exécuter les différentes opérations du tonnelier par autant de machines distinctes; mais soit par vice des dispositions prises, soit pour toute autre cause, elle n'eut aucune réussite.

En ce moment il existe encore à Cognac une fabrique de ce genre qui n'a pas plus de succès; elle est sujette à beaucoup de dérangements, et les futailles qu'elle livre sont généralement repoussées par les négociants d'eau-de-vie.

On reproche aux diverses machines employées dans les établissements français, de couper le fil du bois, et aux tonneaux qu'elles servent à confectionner, de laisser suinter le liquide. On leur reproche encore d'entraîner dans des frais qui font plus que compenser l'économie qu'elles procurent sur la main-d'œuvre; ce sont-là deux écueils que devront chercher à éviter les nouvelles fabriques à la mécanique que l'on pourra être tenté de monter.

Les principaux lieux de fabrication des tonneaux sont les villes de Bordeaux, Pauillac et Lesparre, de Blaye, Libourne et La Réole, et surtout les communes de Barsac et de Preignac. Il est en outre plusieurs grands propriétaires de vignobles qui font fabriquer chez eux les futailles qu'ils emploient, et qui ont à cet effet des ateliers de tonnellerie parfaitement disposés.

Les barriques confectionnées se vendent à la douzaine. On paie de façon à l'ouvrier pour cette quantité la somme de 35 à 45 fr., et on y emploie les quantités de matières suivantes :

216 douelles de longueur,) soit 1/5 du grand millier en merrains
120 douelles de fond,   ) de la moindre largeur.
  6 paquets de cercles,
2/3 bottes de vimes,

  24 à 48 barres de fond, (suivant que la barrique est destinée à
240 à 720 chevilles,   être emmagasinée ou expédiée au de-
                                      hors.

Les prix de vente des barriques neuves varient comme il suit :

1º Les barriques d'épaisseur (0,02) en bois du Nord, dans lesquelles on loge les vins fins, rouges ou blancs, 200 à 220 fr. la douzaine;

2º Les barriques minces (0,015) en bois de Bosnie, dans lesquelles on loge les vins de côtes du Blayais, 170 à 190 fr.;

3º Les barriques minces en bois d'Amérique, ou d'épaisseur en bois du pays, dans lesquelles on loge les vins de toutes qualités du Libournais, 145 à 160 fr.

On estime à 24,000 le nombre des ouvriers que le département occupe tant à la fabrication qu'à la réparation des vaisseaux vinaires, à 4,000 celui des ouvriers qui travaillent en neuf, à un million de barriques la quantité confectionnée chaque année, et à 13 millions la valeur de ces vaisseaux neufs.

Verrerie.

La verrerie fabrique du verre noir servant à préparer les bouteilles, et du verre blanc servant à préparer la gobeleterie.

La fabrication du verre à bouteilles est très-ancienne dans la Gironde ; elle remonte à l'année 1720, époque à laquelle un membre de la famille Michel établit au village de Lescombes, commune d'Eyzines, une verrerie, qu'il transporta plus tard dans la rue de la Verrerie, où elle marcha jusqu'en 1820.

En 1788, alors que Rive-de-Gier montait sa première verrerie à bouteilles, la Gironde en comptait 14, dont 5 à Bordeaux, une à Libourne sous le titre de *Manufacture royale*, une à Pauillac, une à Biganos, et 6 dans les communes suivantes des landes du Bazadais, savoir : Baulac, Goualade, Pressac, Villandraut, Saint-Symphorien, Castelnau-de-Cernis.

A cette époque, les fours étaient à 4 pots seulement, dans lesquels on faisait 1,600 bouteilles par fonte, et la fabrication annuelle du pays ne s'élevait pas à plus de 3 millions de bouteilles, qui suffisaient aux besoins, dont 2 millions étaient fabriqués dans Bordeaux même.

Dans l'intervalle de 1780 à 1840, pendant que Rive-de-Gier avait élevé 15 verreries produisant chacune un million de bouteilles, celles de la Gironde avaient été réduites à 6, dont 4 à Bordeaux et 2 à Biganos et Vendays ; mais comme les fours, agrandis, avaient reçu 5 et 6 pots faisant de 3,000 à 4,000 bouteilles par fonte, et que le nombre des fontes était devenu plus considérable, la fabrication du département avait, en somme, était portée à 4 millions, dont 3 à Bordeaux. Alors, on tirait encore, pour les besoins de la ville, environ 8 millions de bouteilles des verreries de la Loire.

Enfin, dans ces derniers temps, le nombre des verreries de Bordeaux a été porté à 6, comprenant 9 fours, dont 3 à 6 pots faisant 5,000 bouteilles par fonte, et les autres à 8 pots, en faisant 6,500. Celles de Biganos et de Vendays ont été abandonnées. Une nouvelle s'est établie à Neizer, commune du Teich, qui a été arrêtée après quelques mois de mise en marche. La fabrication du département, réduite, comme on voit, à celle de la ville, est aujourd'hui de plus de 10 millions. L'importation des bouteilles de la Loire et du Nord, de celles du Lardin, de la Tremblade et de la Vendée, s'est elle-même élevée à plus de 12 millions.

On voit par ce qui précède le développement immense qu'a pris cette industrie, ainsi que les progrès qui y ont été apportés tant sous le rapport de la grandeur des fours que sous celui de la capacité des creusets et du nombre des fontes. Il en a été fait aussi de non moins importantes quant à la fabrication.

Le verre à bouteilles est, comme on sait, un quadruple silicate de soude, de chaux, d'alumine et d'oxyde de fer, pour lequel les sables colorés sont le plus convenables, et dans lequel la base alcaline doit toujours entrer en petite quantité; tandis que les bases terreuses, alumine et chaux, peuvent y entrer en différentes proportions. D'abord on traita, avec beaucoup de verre cassé, un mélange de sable et de cendres du pays avec de la soude salicor ou soude brute du Languedoc. Plus tard, on diminua la proportion de verre cassé, et on introduisit l'emploi de la marne en remplacement des cendres; aujourd'hui enfin, les principales verreries ne font plus guère usage que de sables, de marnes et de sel marin, en remplacement du carbonate de soude, qui, d'un emploi très-incommode et d'une action peu énergique, coûtait relativement plus cher.

La terre à creusets, dont la qualité réfractaire a une si grande influence sur la prospérité des verreries, se tire de Brou dans la Charente-Inférieure, de Cahors dans le Lot, et de Rouen dans la Seine-Inférieure. On mélange ces diverses terres entre elles à peu près en égale proportion. La terre de Brou est presque entièrement épuisée, et devra bientôt être remplacée par une autre.

Le combustible employé pour le chauffage des fours a été jusqu'ici la houille anglaise dans les verreries de Bordeaux, et la bûche de pin dans toutes les autres. Il est à espérer qu'on puisse bientôt substituer à la houille anglaise celle de nos bassins houillers du centre.

Une verrerie comprend les trois ateliers suivants : 1° celui du broyage, occupant un ou deux hommes au manége qui sert à triturer les débris de creusets devant entrer dans la composition des creusets neufs; 2° celui de la fabrication des creusets, occupant trois trieuses et deux marcheurs de terre, plus le maître potier; 3° celui de la préparation des matières du verre dans un four à fritter, chauffé par les flammes perdues du grand four; de la fusion et du travail du verre dans le four à pots; du recuit des bouteilles dans un four spécial. 40 à 50 ouvriers sont occupés ici, suivant la grandeur du four à pots.

En somme, et en comptant les manœuvres, forgerons, charretiers et magasiniers, une verrerie occupe de 60 à 70 ouvriers, dont les salaires journaliers s'élèvent à 200 ou 250 fr.; et les six verreries environ 500 ouvriers, dont les salaires annuels s'élèvent de 450 à 480,000 fr. Les ouvriers souffleurs et leurs aides sont payés au cent de bouteilles, et les autres au mois et à la journée.

Le nombre des fontes est de 300 par an et par verrerie. Le combustible consommé par fonte aux grands fours s'élève, savoir : à 40 hectol. de houille pour la fusion, plus 15 hectol. de houille avec 15 hectol. de coke pour le travail, pendant lequel il convient d'élever la température et de diminuer la fumée; plus, à 40 bûches de pin pour le chauffage du four à recuire. Le prix de la houille est ordinairement de 2 fr. 50 c. l'hectolitre, celui du coke provenant du gaz 1 fr. 60 c., et celui de la bûche de pin 25 fr. le cent.

Les matières qui entrent dans une fonte, sont : 20 hectol.

de sable, dont 1/3 de rivière pris en Garonne, et 2/3 de plateau pris à Royan, au prix moyen de 0ᶠ35; 20 hectol. de marne, dont 2/3 de Lormont et 1/3 de Royan, au prix moyen de 0ᶠ60; et 180 kilog. de fondant, formé soit de résidus de raffineries de salpêtre, soit de sel marin, au prix moyen de 12 fr. les 100 kilog.

Ces matières, avant d'être mises dans les pots, sont préalablement amenées au rouge dans le four à fritter. Tous les pots sont chargés et travaillés en même temps; la fusion dure de 13 à 14 heures, et le travail de 10 à 12 heures. Le travail consiste à faire la bouteille par le soufflage, en se servant de moules ouverts ou fermés, suivant le genre de cette bouteille.

Le produit d'une fonte est, comme nous l'avons dit, de 5,000 à 6,500 bouteilles, suivant la grandeur du four. Ces bouteilles sont de diverses formes, capacités et valeurs; ce sont :

1° Les bouteilles frontignan, du contenu de 70 à 75 centilitres et du prix de 16 à 17 fr., suivant qu'elles sont unies ou à cachet;

2° Les bouteilles anglaises, de 70 à 72 centilitres, du prix de 18 à 19 fr.;

3° Les bouteilles de litre, du prix de 20 à 21 fr.

La valeur des 6,000 bouteilles obtenues dans une fonte moyenne peut être portée à 1,100 fr., et celui des 10 millions de bouteilles actuellement fabriquées dans Bordeaux, à 1,800,000 fr.

La cherté du combustible et de la main-d'œuvre élevant le prix de revient du verre à Bordeaux, on le ménage autant que possible, et de là vient que les bouteilles bordelaises sont moins fortes que les lyonnaises. Ainsi, le cent de bouteilles frontignan fabriquées dans la Gironde, ne pèse que 66 kil., tandis que le cent de bouteilles de même forme et grandeur fabriquées à Rive-de-Gier pèse 72 kilog. Ces dernières sont aussi d'un plus beau verre et se vendent 2 fr. de plus par cent.

Si la production des verreries à bouteilles reste dans la Gironde autant au-dessous de la consommation du pays, cela tient aux grandes fluctuations qui se font remarquer dans les prix de cette marchandise, par suite des grandes différences que l'on observe dans l'importance des récoltes successives en vins. Ainsi, pendant les années qui viennent de s'écouler, les vignobles ayant peu produit, le prix de la bouteille est tombé à 14 et 13 fr. le cent, et les verreries avaient de la peine à couvrir leurs frais.

La fabrication du verre blanc fut pratiquée dans la Gironde dès 1788, mais sur une très-petite échelle, à Carcans, où l'on fit pendant quelque temps du verre à gobeleterie; à Bazas, où l'on essaya avec peu de succès de faire du verre à vitres. Jusque vers 1840, on tira presque toute la gobeleterie dont on avait besoin des verreries établies dans les Landes et dans le Nord. Alors on monta successivement, dans la commune de Gradignan, la verrerie de Gayac, qui, après avoir marché quelque temps en gobeleterie de table, faite avec des matières du pays, dut être abandonnée; puis dans Bordeaux même les trois verreries à gobeleterie pour conserves, que l'on y voit encore aujourd'hui et qui comprennent deux fours à 6 creusets et un four à 8 creusets. En 1852, la verrerie de Biganos entreprit aussi la fabrication du verre à vitres; mais elle l'abandonna très-peu après.

Les verreries à verre blanc de Bordeaux se composent des mêmes ateliers que les verreries à verre noir précédemment décrites, avec ces différences que, ne travaillant pas de matières premières, elles n'ont pas de fours à fritter, et que l'une d'elles, livrant des bocaux et flacons avec bouchons émerillés, celle-ci a de plus un atelier dans lequel on égalise et polit, sur des meules tournantes, les goulots des flacons, et on passe à des tours à émeriller les bouchons en verre.

Le nombre des ouvriers occupés ici est de 45 pour deux des verreries, et de 70 pour la troisième. Leur salaire moyen se monte à 2f75 par jour.

La matière que l'on emploie est exclusivement le verre cassé, que l'on se procure facilement dans la ville au prix de 10 fr. les 100 kilog. en verre vert, et de 16 fr. en verre blanc. Le combustible dont on se sert pour chauffer les fours est la bûche de pin, au prix de 25 fr. le cent.

Dans chaque four, la moitié des pots ou creusets est employée à fondre la matière, et l'autre moitié à travailler la matière fondue. La fusion se fait ici en 18 heures et le travail en 12 heures. On travaille généralement par le soufflage dans des moules fermés, en fonte. On fait en moyenne 300 fontes par an, et on charge par fonte de 800 à 1,000 kil., soit en moyenne 900 kilog. de verre cassé. On consomme par fonte environ 350 bûches de pin. Le produit en bouteilles à huiles et à liqueurs, bocaux à fruits et flacons de parfumerie, est d'une valeur de 500 à 700 fr., soit en moyenne 600 fr.

La production annuelle des trois verreries de Bordeaux est d'environ :

> 1,800,000 à 2,000,000 de bouteilles à huiles et à liqueurs.
> 1,400,000 à 1,500,000 bocaux à fruits.
> 400,000 à 500,000 flacons de parfumerie.

Bordeaux tire encore des deux verreries à gobeleterie très-anciennement établies à Moustey et à Richet, dans le département des Landes, 800,000 à 900,000 bouteilles à huiles et à liqueurs; 600,000 bocaux et 20,000 flacons. La consommation de la ville de Bordeaux est donc d'environ 3 millions de bouteilles; 2 millions de bocaux, et 600,000 à 700,000 flacons, dont les 2/3 au moins sont expédiés à l'étranger. On envoie en plein, dans les colonies françaises, les bouteilles à huiles et à liqueurs et les bocaux à conserves; dans les Indes, les flacons à parfumerie. On envoie en vide, dans les colonies espagnoles, des bouteilles en verre blanc dont la quantité s'élève au plus à 500,000.

Les prix de ces différents objets sont les suivants : les bouteilles à huiles, faites en verre vert, du contenu de 50 à 55 centilitres, se vendent 10 fr. le cent; les bouteilles à liqueurs, faites en verre blanc, et du contenu de 60 à 70 centilitres, se vendent de 15 à 17 fr. le cent; les bocaux à fruits, du contenu de 1 à 4 litres, valent en blanc de 40 à 60 fr.; les flacons pour parfumerie valent en blanc 6 fr. le cent.

La ville de Bordeaux reçoit en outre, des verreries du Nord, de la Lorraine et de Marseille, tant pour ses besoins que pour ses expéditions à l'étranger, des quantités très-considérables de gobeleterie ordinaire en verres de table, carafes, etc., dont il est impossible de donner ici le chiffre.

Le verre à gobeleterie étant un silicate double d'alcali et de chaux, dans lequel la quantité de chaux varie selon le gré du fabricant ou l'allure du fourneau, et pour lequel il importe de choisir des matières exemptes d'oxyde de fer, comme du sable pur ou quartz blanc, du carbonate de chaux aussi pur que possible, enfin de la soude ou de la potasse sans traces de fer, cette fabrication devait trouver de grands éléments de succès à Rive de Gier, dans l'abondance et la proximité des vastes terrains à beaux quartz des montagnes qui longent le Rhône en le descendant à l'ouest; dans la finesse, la pureté et la qualité éminemment calcaire du sable que fournit le Rhône; enfin, dans la facilité de faire venir à peu de frais, par eau, le sable calcaire qui provient des couches de calcaire cristallin friable des environs de Chagny, dans Saône et Loire. Il n'en était pas de même à Bordeaux, où ne se trouve à proximité ni beau sable siliceux, ni marne ou calcaire pur.. De là vient que, jusqu'à ce jour, on s'est borné dans la ville à fabriquer de la gobeleterie en seconde matière, et que les essais faits dans le département pour obtenir du verre à vitres en premières matières, y ont toujours échoué. Mais aujourd'hui que l'établissement des chemins de fer d'Orléans et de Bayonne ont rapproché les lieux où sont connus des sables purs, soit siliceux, soit calcaires, ces inconvénients ont disparu, et nous ne tarderons pas sans doute à voir se monter ici des usines qui prépareront, en matières premières, une partie du verre à vitres et des cristaux que nous tirons du dehors.

En ce moment, MM. Lespinasse frères viennent de créer, sur la route de Bayonne, une verrerie à gobeleterie ordinaire, dans laquelle ils font usage : de sables assez purs, qu'ils prennent à Belin et font venir par voie de terre; de calcaires, qu'ils tirent de Gradignan par la même voie; et de sulfates de soude, qu'ils font venir de Paris par le chemin de fer. Ils utilisent aussi, en remplacement du calcaire, les débris des différents marbriers de la ville, qu'ils se procurent à très-bas prix. Cette usine est encore trop nouvelle pour pouvoir dire si elle aura plus de succès que celle qui fut établie autrefois à Gradignan par M. Lespinasse père. Il est, dans tous les cas, regrettable que MM. Lespinasse frères n'aient pas établi leur exploitation de sable sur une voie de transport plus économique, et fort à désirer qu'ils apportent tous leurs soins à n'employer jamais que des calcaires purs.

Bouchonnerie.

Les divers systèmes de bouchage employés pour les bouteilles et autres vases de verre qui renferment des vins, liqueurs et conserves, ont donné lieu à plusieurs industries, dont quelques-unes très-importantes.

L'unique système de bouchage employé jusqu'à ce jour pour les bouteilles à vin est celui du bouchage au liége, pour lequel on a fait successivement usage de deux procédés.

L'ancien procédé consistait à faire pénétrer le bouchon dans le goulot de la bouteille à la main, et au coup de tape ou palette, puis à recouvrir ce bouchon d'un mastic composé d'un mélange de résine et de cire, qui formait à l'entour un bourrelet régulier et le protégeait contre la moisissure. Ce mode de bouchage exigeait qu'on laissât un assez grand vide dans la bouteille, afin de ne pas s'exposer à la casser en frappant sur le bouchon, et que l'on prît beaucoup de précautions pour éviter que quelques parties de ce mastic ne tombassent dans la bouteille quand on la débouchait. Il revenait à 72 fr. par barrique de 320 bouteilles petit frontignan, pour bouchons, mastic, paille d'emballage et façon.

Par le nouveau procédé, les bouchons sont enfoncés à la mécanique et par une forte pression; et ces bouchons sont ensuite recouverts d'une capsule métallique qui vient s'appliquer hermétiquement contre le goulot de la bouteille. On obtient ainsi un bouchage plus propre et plus élégant, qui met complétement à l'abri de toute moisissure et de tout coulage, qui permet de laisser moins de vide entre le vin et le bouchon, et qui est d'ailleurs moins cher que le premier, car il ne revient pas à plus de 50 fr. par barrique.

La préparation des bouchons de liége, dont il se fait, comme on peut le penser, une très-grande consommation, occupe de nombreux ateliers.

L'emploi de la capsule en remplacement du lut en mastic a aussi amené la création à Bordeaux d'une industrie qui prend chaque jour de nouveaux développements.

On a reproché au bouchage en liége deux inconvénients : celui du vide, qu'on est dans l'un et l'autre procédé obligé à laisser entre le vin et le bouchon, et celui de l'altérabilité du bouchon.

On a dit, quant au peu d'air atmosphérique laissé dans la bouteille, qu'il était nuisible au vin en ce qu'il se décomposait pendant la vinification, et en ce que son oxygène se combinant aux matières organiques qu'il acidifiait, il empêchait le développement de l'œnanthine, de laquelle, selon M. Gay-Lussac, dépend le bouquet des vins. Pour éviter ce vide, on imagina le bouchage à la tape ou à la mécanique avec l'aiguille cannelée; mais à l'application de ce nouveau mode, il se présenta un autre inconvénient qui y fit renoncer : c'est que, par les chaleurs de l'été, la dilatabilité du vin fit partir beaucoup de bouchons ou rompre un grand nombre de bouteilles.

Quant au vice provenant du bouchon, on a fait observer que les bouchons en liége, par leur contact continuel avec le vin, éprouvaient souvent une altération qu'ils communiquaient au liquide; et il y a une dixaine d'années, M. Eyquem eut l'idée de leur substituer des bouchons en verre, qu'il faisait préparer au moule dans les verreries, et qu'il faisait travailler chez lui, au tour à émeriller, pour les ajuster aux goulots des bouteilles auxquelles ils devaient s'adapter. Ce nouveau mode, par lequel on n'avait point à craindre que le bouchon donnât un mauvais goût au vin, fut d'abord reçu avec assez de faveur par le commerce; mais on dut aussi bientôt l'abandonner, par la raison que, chaque bouchon étant dépendant de sa bouteille et ne pouvant servir indistinctement à toutes, il fallait passer beaucoup de temps à chercher celui qu'il convenait d'employer; et ensuite par ce motif bien plus grave qu'il s'établissait souvent entre le verre du bouchon et celui de la bouteille une telle adhérence, qu'au moment de déguster le vin on n'avait d'autre moyen de déboucher la bouteille que d'en casser le goulot. Le cent de bouteilles bouchées d'après le procédé Eyquem coûtait de 30 à 36 fr.

Plus tard, M. Malineau imagina le bouchage en verre capsulé, bien préférable sans doute au bouchage en verre à l'émeri de M. Eyquem, et qui ne faisait revenir le cent de bouteilles qu'à 26 ou 27 fr. Dans ce système, le bouchon à rebord et pas de vis extérieur est obtenu au moule et garni d'une rondelle en liége par laquelle il s'applique sur le goulot. Le goulot de la bouteille est sillonné intérieurement d'une rainure en hélice par le moyen d'un fer fort ingénieux dont se sert l'ouvrier verrier pour exercer à la fois, sur le verre encore pâteux de ce goulot, une pression extérieure et intérieure. Il paraît que, d'une part, le peu de jeu ménagé entre le pas de vis et l'écrou permet un serrage suffisant pour obtenir une fermeture bien hermétique; que, d'autre part, le non rôdage des surfaces prévient toute forte adhérence entre elles. Cependant, en raison de l'élévation de prix, ce mode de bouchage n'est pas encore passé dans la pratique, et il n'est qu'une seule des verreries de la ville qui fasse annuellement environ 30 millions de bouteilles de ce genre pour la Nouvelle-Orléans.

Enfin un autre système de bouchage des bouteilles fut encore essayé, qui pour sa singularité mérite d'être rapporté ici. Dans ce système, tout bouchon était supprimé et tout air atmosphérique expulsé. Le verre du col de la bouteille était étiré et soudé à la manière des tubes thermométriques; puis, quand on voulait ouvrir la bouteille, on sciait le verre du goulot et on en détachait, par un coup sec, la partie supérieure. Je n'ai pas besoin de dire quel succès obtint cette invention; je ferai seulement observer que la facilité avec laquelle on put réunir, pour son application, le modeste capital de 100,000 fr., prouve une fois de plus combien on est porté dans cette ville à favoriser les entreprises folles, préférablement à celles qui sont établies sur des bases sérieuses.

Il résulté de ce qui précède, que l'emploi du liége est encore ce qu'il y a de mieux pour le bouchage des bouteilles; et il est certain qu'en ayant soin de choisir les bouchons les plus fins et les plus exempts de défauts; on obtient par leur moyen de très-bons résultats.

Les systèmes de bouchages employés pour les flacons à larges goulots et à conserves sont nombreux. Tout d'abord on fit, comme pour les bouteilles, usage de bouchons en liége; mais on y renonça bientôt par la difficulté de trouver des liéges assez forts, et par l'inconvénient qu'on crut reconnaître à cette matière de n'être pas suffisamment imperméable. Cependant, M. Appert, en collant ensemble des pièces de liége de manière à ce que les pertuis nombreux dont le liége est perforé fussent situés horizontalement, était parvenu à obtenir des bouchons d'aussi grandes dimensions qu'il voulait, et d'une si parfaite imperméabilité qu'il pouvait garder intacts ses flacons à conserves sans les recouvrir d'aucun lut.

Quoi qu'il en soit, on a remplacé successivement le liége par des bouchons en verre, en plâtre et en métal.

Deux systèmes de bouchage en verre sont appliqués aux flacons et bocaux pour conserves, et préparés dans les verreries à verre blanc. Dans l'un, dit *émerillé*, le bouchon en verre moulé et le goulot du flacon soufflé à l'ordinaire sont amenés, par le tour à émeriller, à avoir exactement le même diamètre. Ce mode suffit pour conserver les substances solides, mais non les liquides et spiritueux. Pour ces derniers, il faut encore recouvrir le bouchon, dont la tête pénètre de quelques centimètres dans le goulot, d'une petite couche de plâtre qui rend la fermeture hermétique. Les flacons de la capacité de 1 litre coûtent, avec leur bouchon à l'émeri, 55 à 60 fr., suivant que ces bouchons sont à tête plate ou à tête olive, tandis que, sans bouchons, on ne les fait pas payer plus de 35 fr. le cent.

Dans l'autre système, dit *capsulé,* le goulot du flacon est sillonné intérieurement au moule d'une rainure en hélice, et le bouchon en verre, également moulé, est sillonné extérieurement d'une vis en relief. Celui-ci vient en tournant s'engager dans le goulot, et reposer par son rebord sur la tête arasée de la bouteille. Ce dernier mode a cet avantage qu'il permet de refermer immédiatement et sans peine le bocal, après qu'on en a retiré une partie des substances qu'il contient; mais il augmente beaucoup le prix.

Le bouchage au plâtre a été imaginé par M. Teyssonneau, fabricant de conserves, et n'est appliqué que dans son établissement. Son procédé consiste à substituer au liége une capsule d'étain fortement et hermétiquement appliquée à l'intérieur du goulot des flacons, puis à y verser du plâtre gâché, serré, qui par son gonflement ferme hermétiquement l'ouverture. Pour faciliter le débouchage, on ménage au centre du plâtre une cavité, en introduisant, jusqu'à moitié de son épaisseur, une grosse tige conique que l'on retire avant la solidification complète. Lorsqu'on veut déboucher, il suffit de verser de l'eau tiède dans cette cavité, de manière à la tenir pleine durant 10 à 15 minutes. Après ce temps, on désagrége facilement le plâtre avec la pointe d'un couteau. Le bouchage Teysonneau ne revient pas à plus de 40 fr. le cent; mais il a l'inconvénient de ne pas permettre d'enlever en partie la substance contenue dans le flacon.

Le bouchage métallique, imaginé par M. Labat jeune, de Caudéran, consiste à adapter au col des flacons et bouteilles un collier métallique extérieur, portant un pas-de-vis sur lequel vient se visser une capsule de même matière que l'on garnit intérieurement d'une rondelle de liége sciée à la mécanique, afin de permettre d'exercer une pression suffisante contre les bords du flacon. Le collier est composé d'un alliage d'étain, de plomb et de régule d'antimoine, au titre de claire, qui est fondu sur le verre dans un moule en cuivre, par lequel se trouve formé le pas-de-vis. La capsule, composée du même alliage, est coulée dans un moule en cuivre dans lequel on a placé une rondelle de fer-blanc qui en forme le fond. Quand on le sort du moule, l'alliage se trouve fixé solidement au fer-blanc, et la capsule porte son pas-de-vis intérieur, ses inscriptions et ses deux tenons extérieurs servant de points d'appui pour donner la pression.

Les capsules et flacons portant les colliers sont placés sur des tours afin de les polir et d'enlever les défectuosités provenant du moulage.

La perfection des moules pour chaque grandeur est telle, que la première capsule venue s'adapte à tous les colliers des vases, et réciproquement.

Le prix du bouchage Labat est supérieur de 6 à 7 centimes à celui du bouchage ordinaire pour une bouteille de 1 litre; pour les flacons à fruits, il est aussi coûteux que le bouchage à l'émeri.

Ce bouchage, exécuté dans les seuls ateliers de M. Labat, occupe environ 10 à 12 ouvriers, qui préparent annuellement de 30,000 à 36,000 pièces, principalement destinées à l'envoi de prunes sèches aux États-Unis et à l'expédition de fruits et liquides pour la Havane.

En résumé, les divers procédés de bouchage employés pour les bouteilles à vins et spiritueux et pour les flacons à fruits et conserves n'ont amené l'établissement que de deux fabrications importantes : celle des bouchons en liége et celle des capsules en métal, qui méritent d'être examinées en détail.

Fabrication des bouchons en liége.

Le liége dont on fait les bouchons est une substance précieuse pour conserver hermétiquement et économiquement les liquides, et telle, comme on l'a vu ci-dessus, que dans certains cas nulle autre n'a encore été trouvée qui pût en tenir lieu.

Le liége se tire de l'écorce de l'espèce de chêne dite *quercus suber*, qui croît dans les terrains secs et rocailleux, ainsi que dans les sables arides. Cet arbre prospère bien dans les landes de Gascogne et mériterait d'y être cultivé plus en grand.

« Le chêne-liége, dit M. le vicomte de Métivier dans son ouvrage intitulé : *De l'Agriculture et du défrichement des landes,* est l'arbre qui, par ses produits, serait seul capable de donner aux landes une valeur immense et bien au-dessus des terrains les plus estimés, si la persévérance du cultivateur était secondée par la protection du Gouvernement, qui, au au lieu d'augmenter les charges, doit les diminuer. »

« La culture, ajoute le même auteur, en est très-négligée dans les landes, pour donner la préférence à d'autres essences moins lucratives, mais se rapprochant davantage des jouissances présentes. Cela tient à ce que le chêne-liége, aussi lent à croître que le chêne ordinaire, a besoin d'avoir atteint une certaine grosseur avant de pouvoir être écorcé, et qu'on n'en retire pas aussitôt des produits que du chêne noir, qu'on peut couper en taillis; mais on ne doit pas oublier qu'en le cultivant avec soin et persévérance, on en hâte la production, et que l'on crée ainsi pour ses enfants de grandes ressources. »

Le chêne-liége, à la condition d'être préservé des dommages causés par la vaine pâture, vient bien dans les terrains sablonneux et profonds; il préfère les hauteurs aux bas-fonds. On le cultive :

1° en bois exclusivement composés de cette essence, soit par semis faits à 2 ou 3 mètres en tous sens, sauf à éclaircir dans la suite; soit par transplantation de chênes âgés de 10 à 12 ans. Dans les deux cas, on laboure la terre à la charrue. On a prétendu que ce dernier mode faisait jouir plus tôt; mais il est peu usité, par la raison que la végétation des liéges plantés n'est jamais aussi belle que celle des liéges semés.

2° En bois composés de chênes et pins par semis faits à sillons espacés de 8 à 10 mètres et à glands distants de 2 à 3 mètres, l'intervalle des sillons se semant en même temps en graines de pins jetées à la volée.

« Une fois nés, les pins et liéges de ces derniers semis
» n'ont besoin d'aucune culture jusqu'à l'âge de 8 ou 10 ans.
» A ce moment, on commence à tirer du revenu de ces ter-
» rains, par les échalas que fournissent les éclaircissages du
» semis de pins, protecteur des liéges. Parvenu à l'âge de 12
» à 15 ans, le chêne-liége est élagué et bêché, soit au pied
» seulement, soit en plein, suivant qu'il reste ou non des
» pins. Ce bêchage se renouvelle tous les 2 à 4 ans, et le
» nombre des arbres à exploiter est amené peu à peu à celui
» de 150 à 100 par hectare. A 20 ans, on recueille une pre-
» mière écorce qui n'est bonne qu'à brûler. 8 ou 10 ans après,
» on enlève la deuxième écorce, qui a atteint l'épaisseur re-
» quise pour faire les bouchons; puis on continue tous les 8
» ou 10 ans à enlever de nouvelles écorces, qui vont en aug-
» mentant d'épaisseur et de qualité jusqu'à la 10 ou 12ᵉ, après
» laquelle l'arbre entre en décrépitude. (1). »

Le labourage des forêts de chêne-liége est fait par des métayers auxquels on donne une certaine étendue de terres à cultiver. Les éclaircissages, écorçages et abattages sont faits par des ouvriers à la journée.

Le liége se vend soit au poids soit au volume. La mesure locale, dite *le pas*, est de 6 pieds de longueur, 34 pouces de largeur; 4 à 4 pieds 1/2 de hauteur sur le devant, et 5 pieds 1/2 à 6 pieds sur le derrière.

---

1) De Métivier, *Agriculture et défrichement des landes*.

Le pas est marchand si l'épaisseur du liége est suffisante, auquel cas il pèse 250 kilog. et se vend de 200 à 240 fr. Il est rebut s'il manque d'épaisseur ou de finesse, pèse alors moyennement 200 kilog., et se vend de 100 à 120 fr.

« Le produit de l'écorçage du chêne-liége présente, dans la compacité et la hauteur de l'écorce enlevée, des variations en rapport avec la force de végétation de l'arbre. Ainsi, tel arbre végétant lentement, produit une belle qualité; tel autre, dont la végétation est plus active, produit une qualité inférieure dite *liége gras et tendre*. Ainsi, encore, la longueur marchande des planches de liége étant de 1^m55, il est tel arbre qui ne donne qu'une longueur de planches et tel autre qui en donne deux et trois. En général, il faut compter que la première et la deuxième écorce n'ont qu'une longueur seulement, et les suivantes une et demie à deux longueurs (¹). »

On peut admettre que les récoltes d'échalas paieront les frais d'ensemencement et de culture pendant les 20 premières années, et qu'on n'aura, à partir de 20 ans, que les frais de labours tous les 2 à 4 ans, et les frais d'écorçage tous les 8 à 10 ans, frais qui seront comptés au plus haut, les premiers à 12 fr. par hectare, les seconds à 5 fr. pour 100 kil. de liége récolté.

On peut aussi admettre que, dans les 8 écorçages faits de 40 à 100 ans, l'hectare peuplé de 100 arbres seulement rapportera 24,000 kil. de liége, d'une valeur d'environ 18,000 fr.

Il résulte de là que, sans tenir compte de la valeur comme bois de chauffage des arbres usés, on peut porter le revenu net de l'hectare de chêne-liége, pendant les 100 ans de son

(¹) Ces renseignements sont extraits d'une Note manuscrite que mon honorable collègue M. Petit-Laffite a eu l'obligeance de me communiquer, et qui fut écrite par M. de Métivier en réponse aux questions que lui avait adressées M. Boudet, garde général des eaux et forêts au Mas d'Agenais.

exploitation, à la somme de 16,500 fr., soit son revenu annuel moyen, pendant le même temps, à la somme de 165 fr.

Le bois de chêne-liége est assez bon pour la charpente quand il est placé à l'abri de l'humidité, et pour le chauffage quand il est dépouillé de son écorce. Le gland qu'il produit est encore une excellente nourriture pour les bestiaux.

Il y a deux espèces de chêne-liége : le blanc et le noir. Le blanc croît en France, le noir en Espagne.

Le chêne-liége est cultivé en France dans la Provence, et notamment dans le département du Var, ainsi que dans la Gascogne, notamment aux environs de Nérac, et dans le Maransin.

Le liége de France est préférable à tout autre, parce qu'il est plus spongieux, d'un grain plus fin, qu'il se coupe plus nettement, et se prête mieux au gonflement nécessaire à un bouchage hermétique ; mais on n'en récolte pas une quantité suffisante pour la consommation intérieure, et on doit en tirer une grande quantité de l'Espagne, du Portugal et de l'Italie ; l'Algérie commence aussi à nous en envoyer.

Le liége de Nérac est de tous les liéges de France celui qui donne les planches les plus belles et les plus unies, les plus légères et les plus exemptes de nœuds et crevasses ; celui d'Afrique en approche assez, mais celui d'Espagne est beaucoup moins fin. Les prix de ces différents liéges varient de 30 à 50 fr. les 50 kilog., suivant les qualités.

Le liége a divers emplois dans les arts : on utilise sa légèreté pour faire des ceintures, des gilets et des matelas de sauvetage ; son imperméabilité, pour préserver de l'humidité les appartements et les chaussures ; son élasticité, jointe à son imperméabilité, pour faire des bouchons. Les déchets ou rognures de cette matière donnent encore un charbon qui est connu sous le nom de *noir d'Espagne,* et qui est employé dans la peinture et l'imprimerie. Le plus important de tous ses usages est sans contredit la fabrication des bouchons, dont il se fait une immense consommation dans les diverses parties du monde.

Les bouchons de liége se divisent en bouchons ordinaires et broches.

Les bouchons ordinaires sont de grosseur et longueur variables : longs pour les vins de qualité recherchée, demi-longs pour des vins moindres, courts pour les vins ordinaires. Ils étaient autrefois de forme légèrement conique, et sont maintenant de forme cylindrique, par la raison qu'en comprimant un peu ces derniers pour leur donner de l'entrure, ils ferment beaucoup mieux les bouteilles.

Les broches sont ces disques plus ou moins larges qui sont destinés à boucher les vases à larges goulots employés dans la chimie, la pharmacie et l'économie domestique. Ceux d'un très-grand diamètre sont formés en collant ensemble des pièces de liége à l'aide d'une colle indélébile dont la base est la gomme laque.

La fabrication des bouchons se fait à la main ou à la mécanique. Dans la fabrication à la main, un ouvrier coupeur subdivise, avec le tranchet ou couteau à large lame, la planche de liége, d'abord en bandes d'une largeur égale à la longueur de l'espèce de bouchon que l'on veut obtenir, puis en parallélipipèdes rectangles, en ayant égard aux dispositions des gerçures de l'écorce. L'ouvrier tourneur arrondit ensuite ces parallélipipèdes, en les promenant sur le tranchet en même temps qu'il leur imprime un mouvement de rotation. Des femmes font ensuite un double triage de ces bouchons, suivant leur grosseur et leur qualité. Quant à la qualité, ils se divisent en extrafins, fins, bas fins et communs. Un ouvrier coupeur peut, dans la journée, préparer le travail de cinq ouvriers tourneurs, et chacun de ceux-ci faire, dans ce même temps, de 800 à 2,000 bouchons, soit en moyenne

1,200. Les coupeurs sont payés de 0ᶠ35 à 0ᶠ45 par millier de bouchons, les tourneurs de 1ᶠ50 à 2 fr.

Dans la fabrication à la mécanique, les parallélipipèdes rectangles préparés à la main sont arrondis, soit par l'emploi de lames tranchantes que l'on fait agir à la manière des emporte-pièces, soit au moyen des meules, auxquelles on imprime une grande vitesse de rotation, et contre lesquelles on vient appliquer ces parallélipipèdes, qui tournent eux-mêmes lentement et dont les arêtes sont usées par la friction.

La fabrication à la main est lente et présente ces inconvénients que le fréquent graissage du tranchet dépose toujours un peu d'huile, nuisible au vin, dans les pores de quelques bouchons, et que ceux-ci, rarement semblables, ont besoin d'être triés par le consommateur. La fabrication à la mécanique, beaucoup plus propre et plus expéditive, et donnant des bouchons qui tombent très-assortis et de tous les diamètres voulus, a, quel que soit le genre de machines que l'on emploie, le grave inconvénient de ne pas éviter les défauts du liége, et de donner beaucoup de bouchons qui ont besoin d'être retouchés à la main, d'où un surcroît de dépenses qui fait disparaître tout avantage; c'est pour cela qu'on ne l'a jamais employé ici. Depuis quelques mois, un industriel est venu monter à Caudéran une petite usine avec un manége pour moteur. Cet essai aura-t-il plus de succès que ceux déjà tentés ailleurs? c'est ce que la suite nous apprendra.

Les 50 kilog. de liége en planches donnent moyennement de 5,000 à 6,000 bouchons, ou le kilog. 100 à 120 bouchons, et les prix de ces bouchons varient comme il suit :

Les bouchons extra-fins pour vins de Champagne. 50 à 120ᶠ le millier.
     »   fins pour vins de 1ʳᵉ qualité. . . . 30 à 50   »
     »   bas fins pour vins de 2ᵉ qualité. . 20 à 30   »
     »   communs pour vins ordinaires. . . 3 à 20   »

On compte aujourd'hui dans Bordeaux 25 bouchonniers,

qui occupent 75 ouvriers, savoir : 15 coupeurs et 60 tourneurs, travaillant annuellement 180,000 kilog. de liége, et faisant moyennement 10 millions de bouchons. Ils tirent encore de Nérac, de Bayonne et de la Provence, environ 90 millions de bouchons tout faits. Le commerce de cette ville maritime s'étend donc sur une quantité de 100 millions de bouchons, d'une valeur d'environ 4 millions de francs. Les 3/5 de cette quantité sont consommés sur les lieux, au prix moyen de 30 fr. le mille; les deux autres cinquièmes sont exportés dans les Indes, les États-Unis, les colonies françaises et le Chili, au prix moyen de 15 fr.

L'arrondissement de Nérac travaille quatre fois autant de liége qu'il en produit. Les pays étrangers dont il tire des planches sont la Catalogne, la Sardaigne, et aussi l'Afrique depuis quelques années. Ces liéges étrangers lui offrent cet avantage, qu'achetés au quintal ils sont tous bons et prêts à être employés; tandis que le liége du pays est vert, qu'il faut lui faire subir diverses opérations exigeant tout un matériel de chaudières, presses, etc., et que s'il présente d'admirables planches, il en donne aussi de tellement inférieures, qu'elles ne peuvent servir qu'à des usages de peu de valeur. L'introduction, dans l'arrondissement de Nérac, de liéges étrangers venant combler les lacunes de la production indigène, est encore très-utile, en ce que ces liéges soutiennent une industrie qui fait la valeur commerciale des chênes du pays, par l'emploi immédiat que ceux-ci trouvent sur les lieux mêmes, et qui procure une grande aisance à la nombreuse et intelligente population à laquelle elle fournit du travail.

Fabrication des capsules en métal.

Les capsules sont de petites lames métalliques très-minces, sous la forme de cônes tronqués, ouverts par la base, dont on se sert généralement aujourd'hui pour couvrir les goulots des bouteilles à vin et des flacons à conserves.

La matière métallique que l'on emploie généralement pour faire les capsules n'est point un étain pur, mais un alliage d'étain et de plomb, dans lequel le plomb entre dans la proportion de 10 à 20 0/0. Depuis deux ans, on en fait aussi à Bordeaux, qui sont composées entièrement de plomb, que l'on étame avant de le vernir. Celles-ci, on le comprend, peuvent être données à un prix beaucoup moindre; mais on leur reproche d'être sujettes, au bout de peu de temps, à perdre leur brillant, ainsi qu'à se norcir. C'est d'ailleurs une question de savoir si des capsules en plomb peuvent présenter dans tous les cas, un caractère suffisant d'innocuité.

La fabrication des capsules fut, en 1833, créée à Paris par M. André Dupré, qui d'abord se servit de machines verticales à balancier avec un seul poinçon, puis y employa, en 1837, une machine de son invention, composée de plusieurs poinçons horizontaux, laquelle réunit la promptitude à la perfection des produits.

En 1848, M. Fau introduisit cette même fabrication à Bordeaux, et monta à Caudéran, en société avec M. Pujos, l'usine que l'on y voit encore aujourd'hui, et qui avait été installée d'après le système Dupré. En 1853, M. Fau se sépara de M. Pujos, lui laissa la fabrique de Caudéran, forma alors une nouvelle société avec M. Porrat, ancien contre-maître de la maison Dupré, et monta à Bordeaux, dans l'impasse Michel, une fabrique semblable. Enfin, en 1856, M. Courdouzy établit encore à Bordeaux, dans la rue Pomme-d'Or, une autre fabrique de capsules sur un système un peu différent et pour lequel il est breveté.

Chacune de ces trois petites usines se compose :

1° D'un atelier de fusion contenant un fourneau chauffé au charbon de terre, avec sa chaudière ou bassine en fonte pour la fusion des matières; plus, une lingotière ou grande plaque horizontale en fonte polie, sur laquelle l'alliage est coulé en plaque de 1 à 2 millim. d'épaisseur, de plusieurs mètres de longueur, et d'une largeur en rapport avec la grandeur de la capsule que l'on veut obtenir. Ce coulage se fait à l'aide d'un charriot ou coulissoir en fonte, dans lequel on verse la quantité convenable de métal et que l'on fait cheminer sur la plaque.

2° D'un atelier de travail comprenant : un laminoir dégrossisseur et deux laminoirs finisseurs, sous lesquels la plaque coulée est transformée en lame de 1/10 de millimètre d'épaisseur; un emporte-pièce pour découper sur cette plaque les disques nécessaires à la fabrication des capsules; enfin, les métiers à capsuler, au moyen desquels ces disques sont amenés peu à peu à prendre la forme de capsule qu'ils doivent avoir.

3° D'un atelier de vernissage composé de différents tours sur lesquels les capsules sont adaptées pour recevoir un mouvement de rotation pendant lequel une ouvrière les recouvre au pinceau d'une couche de vernis colorié.

Une machine à vapeur de la force de 6 à 8 chevaux fait mouvoir les laminoirs et tours à vernisser; une autre machine, de la force de 2 à 3 chevaux, est spécialement destinée à donner le mouvement aux métiers à capsuler, qui doivent marcher avec une très grande régularité.

Les anciens appareils à balancier sont formés d'une base portant la matrice; d'un massif à écrou, que traverse une vis se terminant d'un côté par un poinçon, et de l'autre par un levier qui se meut à la main. Lorsqu'on le fait tourner dans un sens convenable pour que la vis descende, la lame métallique placée sur la matrice est emboutie par le poinçon. Dans ce système, la capsule, pour être achevée, devait passer successivement dans 6 de ces appareils, qui exigeaient chacun une ouvrière, et une petite fille était encore nécessaire pour enlever les capsules de dessous ces appareils et les faire passer de l'un à l'autre. Par ce mode, on ne faisait pas plus de 6,000 capsules par jour.

Le métier à capsuler de l'invention de M. Dupré se compose d'une série de 9 poinçons et d'une série de matrices correspondantes. Les poinçons sont reliés entre eux par une pièce qui reçoit un mouvement alternatif d'avance et de recul, au moyen d'un excentrique calé sur l'arbre de couche du moteur. Pendant le mouvement de recul de ces poinçons, les capsules qui ont subi un commencement d'emboutissage reposent sur une pièce ayant un mouvement de droite à gauche ou perpendiculaire au premier, de sorte qu'à chaque tour, chaque capsule arrive devant le poinçon suivant, d'un diamètre plus petit. Quand la capsule a franchi ainsi la série des poinçons emboutisseurs, elle est terminée; il ne reste plus qu'à couper convenablement l'extrémité du bord, et cette opération est exécutée par un tranchant que porte le dernier poinçon.

Quand on veut faire des capsules de différentes dimensions, il suffit de remplacer les poinçons et les matrices par des poinçons et matrices de nouveaux diamètres. Ces métiers marchant avec une grande régularité ont l'avantage de n'exiger qu'une femme pour placer les disques devant le premier poinçon, et une petite fille pour recevoir les capsules à l'autre extrémité, par chapelets de 200, ce qui en rend le compte facile à la fin de la journée. On estime qu'un tel métier fabrique 25 à 30 capsules à la minute, soit 15,000 à 18,000 par journée de dix heures.

On a cherché à diminuer le nombre des poinçons de ce métier, ainsi qu'à augmenter la vitesse; mais on n'a obtenu aucun bon résultat de ces changements. Par l'augmentation de vitesse, le poinçon s'échauffe, le métal y adhère et la capsule se fait mal. Par la diminution du nombre des poinçons, on s'expose à voir le métal se déchirer ou se plisser dans quelques parties, et à manquer beaucoup de capsules, tandis qu'on les réussit d'autant mieux que les poinçons sont plus multipliés.

Les métiers à capsuler de M. Courdouzy sont faits d'après les mêmes principes que les précédents; seulement, les poinçons emboutisseurs, au nombre de 9 également, au lieu d'être horizontaux, sont inclinés et placés les uns au-dessus des autres, dans un plan vertical. Ils reçoivent aussi un mouvement d'avance et de recul au moyen d'un excentrique relié à l'arbre de couche; mais il y a autant d'excentriques que de poinçons emboutisseurs, ce qui n'était nullement nécessaire.

A la partie supérieure est un cylindre sur lequel est enroulée la lame métallique qui, en se déroulant, passe sous l'emporte-pièce mu par la machine, et les disques détachés passent au premier poinçon emboutisseur. Une femme est nécessaire pour guider la lame se rendant au découpoir. Les poinçons emboutisseurs y sont en retraite les uns au-dessous des autres, de telle sorte que les capsules ont à suivre un plan incliné pour passer d'un poinçon au suivant; elles tombent de gradin en gradin en vertu de leur propre poids; mais elles ne tombent pas toujours de façon à se présenter convenablement devant le poinçon emboutisseur, ce qui donnerait beaucoup de capsules défectueuses et augmenterait notablement le déchet, si un ouvrier spécial n'était chargé de redresser au passage celles qui ne se présentent pas bien. Au dernier poinçon est aussi fixé un tranchant pour découper le bord de la capsule achevée, et celle-ci tombe sur une dalle où un enfant les réunit par paquets de 200. Une machine de ce genre fait au moins 50 capsules à la minute; mais, malgré les précautions prises, elle en manque encore plusieurs; on voit donc qu'elle est susceptible de grands perfectionnements.

Les trois usines de Bordeaux, comprenant sept métiers à capsuler, occupent environ 50 ouvriers, dont les salaires s'élèvent à environ 1 fr. 50 par millier de capsules fabriquées; elles livrent annuellement de 24 à 25 millions de capsules. La fabrique de M. Dupré à Paris en envoie encore dans cette ville 7 à 8 millions; la consommation est donc d'environ 32 millions, d'une valeur moyenne de 500,000 fr. Les dimensions des capsules fabriquées varient depuis celles de 7 lignes de diamètre sur 5 lignes de hauteur, jusqu'à celles de 44 lignes sur 12. Les plus ordinaires sont celles de 11 à 15 lignes de diamètre sur 9 à 12 de hauteur; celles-ci pèsent 2 kilog. à 2 kilog. 50 le millier, dont le prix est de 13 à 20 fr.

II. — CULTURE DU PIN MARITIME.

La culture du pin maritime, si convenable au sol sableux des landes, dont elle constitue la principale richesse, ne réussit cependant pas également bien partout; elle donne de meilleurs résultats sur les parties hautes et sèches que dans les parties basses et humides.

Ainsi, sur les dunes du littoral, elle présentera bientôt une longue forêt continue qui opposera une barrière presque infranchissable au sable mobile de l'Océan, et préservera le pays de l'envahissement dont il était menacé; tandis que dans l'immense plaine des landes elle n'a encore produit que quelques petits massifs, séparés par de vastes espaces, nus et arides, qui offrent l'aspect d'une suite de déserts, et ne servent qu'à la nourriture de quelques maigres et chétifs troupeaux.

Ce qui a nui jusqu'ici au développement de cette culture, ça été, d'une part, l'excès d'humidité du sol, provenant de l'accumulation des eaux puviales que retient la couche d'alios formant le sous-sol; cette humidité, en pourrissant les racines du pin, l'empêche en effet de croître et de prospérer, et rend la végétation lente et rabougrie; ça été, d'autre part mais surtout, le manque de voies de communication propres à transporter à peu de frais les produits de cet arbre précieux. Le défaut de telles voies n'a pas seulement rendu presque improductives certaines parties de forêts dans lesquelles on voit encore les pins s'élever, mourir et joncher le sol de leurs débris sans donner d'autres profits que la résine; il a encore empêché d'étendre cette culture à des parties de landes qui présentaient toutes les conditions de réussite, mais se trouvaient éloignées de toutes routes viables.

On est d'ailleurs actuellement en voie d'apporter de grandes améliorations à cet état de choses.

Le système économique d'assèchement mis en pratique par M. Chambrelent, celui du drainage à découvert, rejetant les eaux intérieures dans les fossés des routes, où elles trouvent un écoulement naturel vers les nombreux ruisseaux qui sillonnent le pays, ce système va permettre en effet d'étendre les semis de pins sur la plupart des lagunes aussi malsaines qu'infertiles qu'on y remarque, et donner à ces semis une végétation des plus vigoureuses. Les magnifiques résultats obtenus par cet ingénieur ne laissent aucun doute à cet égard.

La création de nombreuses routes agricoles qu'exécute en ce moment la Compagnie des chemins de fer du Midi, et celle des chemins de grande vicinalité que les communes pourront bientôt exécuter avec les fonds provenant de la vente d'une partie de leurs communaux, vont aussi permettre de tirer parti de tous les produits des forêts dans le voisinage desquelles ces chemins passeront, en même temps que favoriser la multiplication du sol forestier à leurs abords. Les heureux changements apportés par les routes départementales de Bordeaux à Lacanau, de Pauillac à Hourtins, dans l'exploitation des forêts des dunes, qui fournissent depuis lors des quantités considérables de planches à Bordeaux, et par l'établissement du chemin de fer de Bayonne dans l'extension des semis de pins qui se sont si rapidement développés dans les propriétés privées riveraines, sont des preuves irrécusables du bien que l'on doit attendre du nouveau réseau de routes qui viennent d'être entreprises ou vont l'être prochainement.

On cultive le pin par semis ou par transplant à demeure. La culture par semis, la plus généralement usitée, offre cet avantage qu'avant le moment où le pin peut être exploité en résine, il a déjà payé en échalas, fagots et débris provenant des éclaircissages, les frais qu'il a occasionnés.

Autrefois on y faisait deux éclaircissages, l'un à 10 ans pour échalas, l'autre à 15 ans pour fagots; à 20 ans, on taillait à mort pendant 3 ans, et on abattait les pins au-delà du nombre de 150 par hectare; à 25 ans, on commençait à gemmer régulièrement le pignada.

Depuis, on a reconnu qu'il était préférable d'attendre que le pignada eût atteint l'âge de 35 ans pour le gemmer à vie; à cet âge il a atteint la grosseur convenable de 1 mètre à 1^{m}10 de circonférence, et ménagé jusque-là, il a une durée beaucoup plus grande. Après les deux éclaircissages exécutés à 10 et à 15 ans, éclaircissages par suite desquels le nombre des pins est amené à celui de 500 à 550 par hectare, on fait dans l'intervalle de 20 à 32 ans quatre éclaircissages successifs de 100 pieds, précédés chacun d'un taillage à mort pendant 3 ans. A 35 ans, le pignada, ne contenant plus que 125 pieds à l'hectare, est très-propre soit à donner des produits résineux, soit à être converti en planches. On exploite pour planches les pignadas qui sont voisins des bonnes voies de communication, et pour résine ceux qui en sont éloignés. Le pin résiné, à partir de 35 ans, prolonge sa vie jusqu'à 100 ou 150 ans, mais rapporte très-peu quand il est vieux. A ce moment, la tige donne de la planche moins poreuse et d'une plus grande durée que celle du pin non gemmé; ses tronçons et ses racines donnent du bois de chauffage et des goudrons.

Le transplant à demeure, dont jadis on croyait la réussite impossible, a dans le Maransin, dit M. de Métivier, généralement remplacé le semis. Au dire de cet auteur, on aurait par ce moyen une hâtivité de croissance extraordinaire, et les semis naturels qui se répandent au milieu des forêts ainsi créées, fourniraient eux-mêmes des sujets pour la transplantation.

Il est vrai que la transplantation est fort usitée dans le Maransin, mais pour d'autres raisons que celles données par M. de Métivier, c'est surtout pour la facilité qu'offre cette méthode de pouvoir faire pacager dès la première année. Il ne paraît point que les pins transplantés soient plus hâtifs que les pins semés. On a constaté qu'ils ne pouvaient atteindre la hauteur et la force de ces derniers. On a de plus reconnu qu'ils avaient une tendance à se courber sous le vent, qui n'influe sans doute en rien sur leur produit en résine, mais qui leur ôte certainement de la valeur comme bois d'industrie.

L'exploitation des pignadas en rapport est faite par des résiniers qui les travaillent à moitié fruit et les parcourent sans cesse, munis d'une petite perche leur servant d'échelle, et d'une petite hache avec laquelle ils pratiquent les incisions. Un résinier exploite ordinairement 2,400 à 3,000 pins, soit environ 8 hectares de pignadas.

On estime qu'un hectare de terrain acheté 100 fr., que l'on a assaini par des fossés, défriché à bras, semé à la volée et hersé pour la somme de 60 fr., paie dans les 20 premières années le capital et les intérêts de la culture. On compte que les quatre taillis à mort, exécutés de 20 à 32 ans, rapportent par an et par hectare une barrique de gemme et 50 kilog. de barras, de la valeur de 57 fr., dont moitié pour le propriétaire, et que la valeur des 400 arbres abattus dans cet intervalle est de 800 fr. On estime d'ailleurs que le pin commençant à être régulièrement gemmé à l'âge de 35 ans seulement, donnera de 35 à 100 ans la même quantité annuelle de produits résineux; soit par hectare environ 375 kilog., d'une valeur de 62 fr. 50, dont moitié pour le propriétaire, et qu'à la fin des 100 ans, les 125 arbres contenus à l'hectare valent encore 1,250 fr. De là, il résulte que le revenu à tirer d'un hectare de pignadas jusqu'à 100 ans, s'élève à la somme totale de 6,724 fr., dont 4,387 fr. pour le propriétaire, et le reste pour le résinier. Le revenu net annuel donné par cette nature de propriété au possesseur du sol n'équivaut donc qu'à 43 fr. 87 c., c'est-à-dire à moins du tiers du revenu net fourni pendant le même temps par l'hectare de chêne liége.

Toutefois, le propriétaire landais, désireux de jouir pendant le peu de temps qu'il passe sur cette terre, préfère généralement la culture du pin maritime, si facile à croître, à la culture du chêne liége, si lent à venir; mais on voit qu'une grande différence existe entre les revenus qu'il peut tirer de l'une et de l'autre. Il est encore vrai qu'après 10 ans il peut laisser librement circuler ses bestiaux dans les semis de pins, tandis que les forêts de chênes liéges doivent être en tout temps garanties par lui de la dent meurtrière des brebis; mais certes ce ne sont pas les pâturages qui manquent à celles-ci dans les vastes landes de la contrée.

Les produits que l'on tire du pin sont nombreux et constituent pour la Gironde une source de prospérité qui tend chaque jour à s'accroître par les nouveaux usages auxquels ces produits sont reconnus propres. Ils doivent d'ailleurs être distingués en deux sortes : ceux que l'on retire du pin pendant qu'il est sur pied, et ceux que l'on en extrait après l'avoir abattu.

Les produits du pin sur pied sont ceux qui découlent immédiatement des incisions faites à l'arbre, de la manière qui suit :

Le pin ayant acquis le degré de croissance convenable pour être gemmé, on enlève chaque année, à partir de quelques centimètres de terre et sur la même verticale, une bande d'écorce de 12 centimètres de largeur et 80 centimètres de hauteur, sur laquelle on pratique, de 8 en 8 jours et de bas en haut, une suite d'incisions de 3 centimètres de hauteur et de 6 à 7 millimètres de profondeur. Au bout de 5 années, cette première ligne d'écorçages ayant atteint la hauteur de 4 mètres, on en commence une autre du côté opposé, et on continue ainsi jusqu'à ce qu'on ait écorcé toute la circonférence du pin, ce qui dure environ 50 ans. Pendant ce temps, si on a le soin de ne couper jamais que les premières couches de l'aubier par lequel s'élève la sève, les premières plaies ont pu se cicatriser, et on peut pratiquer sur elles de nouvelles incisions. Un pin peut être de cette manière gemmé pendant 65 à 70 ans de suite, et donner son produit maximum.

Il sort des incisions ainsi faites aux pins une résine molle, dont une partie découle le long de l'arbre, et l'autre se solidifie sur l'entaille. De là les deux produits de la résine molle ou gemme, et de la résine concrète ou barras, que l'on récolte séparément.

La résine molle ou gemme découlant le long de l'arbre est encore généralement reçue, comme depuis les temps les plus reculés, dans une petite fosse faite au pied. Cette fosse est vidée tous les 20 jours; la résine est mise dans des baquets ou auges en bois, placés de distance en distance dans la forêt, puis retirée de là 4 à 5 fois par an pour être portée dans les ateliers de fabrication, où on la fait tomber dans un grand réservoir appelé *barck*. Le prix de cette gemme est de 45 fr. la barrique, du poids de 240 kilog. net.

La résine concrète ou barras, qui s'est solidifiée sur l'arbre, est recueillie en râclant (avec un outil en forme de ratissoir des pâtières de boulangers) la matière, que l'on reçoit dans un drap; elle est ensuite versée et battue dans une cavité pratiquée dans la terre, et retirée de là en gâteaux pour être livrée aux usines et y être traitée comme la gemme. Son prix est de 12 fr. les 100 kilog.

Quelques personnes récoltent à la main les parties les plus pures de la résine concrète, qui prend alors le nom de *galipot*. Elles la réunissent en petites masses qu'elles renferment dans des futailles, et l'expédient à Paris pour la fabrication des vernis. Son prix de 20 fr. les 100 kilog. ne fait d'ailleurs obtenir aucun avantage sur le barras, plus facile à recueillir et mêlé d'environ 25 0/0 de matières étrangères qui en augmentent le poids. De là vient que les quantités de galipot séparées par le résinier sont toujours peu considérables.

Le peu de soin apporté dans l'ancien mode de recueillir la gemme a contribué pour beaucoup à rendre la térébenthine du pays inférieure à celle du Nord et de l'Amérique. Il est certain que, par une longue exposition de cette gemme à l'air dans les petites fosses et dans les auges qui restent ouvertes, elle ne perd pas seulement une assez forte proportion de son essence, mais elle est encore altérée dans sa nature par l'effet sur elle des eaux pluviales qui la traversent. Par ce procédé, on perd d'ailleurs beaucoup de gemme qui s'infiltre dans le sol, et celle que l'on recueille contient du sable et des débris d'écorce et de feuille; d'où la nécessité d'une purification qui la prive encore d'une nouvelle portion de son essence.

Par le nouveau mode d'extraction de la gemme, dont l'invention est due à M. Hugues, qui est mis aujourd'hui en pratique dans les landes du Médoc et qui tend à se généraliser, la gemme est reçue dans des godets en terre cuite, émaillés intérieurement, que le résinier peut, au moyen d'un crampon et d'un clou en zinc, adapter aisément à diverses hauteurs de l'arbre, au-dessous de l'incision par laquelle s'écoule le suc. Ils ne reviennent pas, mis en place, à plus de 0 fr. 10 c. la pièce. Ces godets, de la capacité d'environ 1 litre, se vident, tous les 10 à 15 jours, dans un vase en bois de la forme et de la contenance de 1 décalitre, que le résinier transporte d'un arbre à l'autre, et qui étant plein est ensuite versé dans un réservoir fermé, de la contenance de 10 barriques.

Le procédé Hugues, tel qu'il est pratiqué aujourd'hui, ne donne pas tous les résultats qu'on est en droit d'en attendre. En effet, les godets n'étant pas couverts sont, comme les petites fosses pratiquées au pied de l'arbre, exposées aux inconvénients de l'évaporation et de la pluie. On a essayé divers modes de couvercles qui n'ont pas eu de succès; on fait en ce moment l'essai de récipients métalliques dont le haut prix pourra être un obstacle. Dans tous les cas, ce procédé offre déjà des avantages assez considérables sur l'ancien : il permet de gemmer à mort, et par conséquent de faire produire un revenu en résine à de jeunes arbres qui doivent être abattus pour éclaircir, et par conséquent d'en augmenter la valeur, ce qui par l'ancien procédé serait fort peu avantageux; parce que ce gemmage ne peut durer que 2 ou 3 ans et que toute la résine de la première année serait à peu près absorbée dans le trou pratiqué au pied de l'arbre; il fait obtenir, des pins à vie, des produits plus abondants et plus purs. Ainsi, dans un pignada commençant d'être gemmé à 35 ans, 1,000 arbres donneront, par l'ancien procédé, 7 barriques de gemme et 700 kilog. de barras, ensemble 2,300 kilog. de matières, d'une valeur de 399 fr.; et par le nouveau procédé, ils donneront 10 barriques de résine et 500 kilog. de barras, ensemble 29,000 kilog. de matières, d'une valeur de 510 fr.

Fabrication des térébenthines, essences et résines.

La gemme étant un mélange de térébenthine et de matières étrangères, doit être soumise à une épuration qui se pratique par divers moyens, suivant que l'on veut obtenir de la
térébenthine fine propre au commerce, où de la térébenthine
commune propre à la distillation.

La térébenthine fine ou marchande, formée de la partie la
plus liquide de la gemme, s'obtient dans quelques parties des
landes, comme à La Teste, en mettant la gemme dans des
tonneaux filtrés exposés au soleil et posés sur un plan incliné
sur lequel coule la térébenthine, qui est reçue dans un réservoir ouvert placé au bas. De 3 barriques de gemme, on
retire ainsi 1 barrique de térébenthine, du prix de 110 à
120 fr., et 2 barriques de résidus, du prix de 20 fr. Cette
térébenthine, dite *au soleil,* est d'une grande pureté, se con-
servant liquide par tous les temps, et propre à remplacer
pour les vernis les plus belles qualités de Chio et de Venise.

Dans d'autres parties des landes, on obtient la térébenthine marchande en traitant la gemme dans une chaudière,
et en en séparant par un feu très-modéré et par décantation
les parties les plus liquides, on obtient ici de 2 barriques 1/2
de gemme, 1 barrique de térébenthine et 1/2 barrique de résidus. Cette térébenthine, dite *à la chaudière,* se rapproche
de celle *au soleil,* mais n'a pas la même valeur, car elle ne
se vend que 95 à 100 fr.; les résidus valent encore 20 fr. la
barrique.

La térébenthine commune se prépare par le procédé le
plus ordinaire d'épuration auquel est soumise la gemme, et
qui consiste à charger celle-ci dans une chaudière chauffée à
feu nu et recouverte d'un dôme en métal, pour éviter toute
déperdition d'essence; à liquéfier et brasser la matière, puis

à la filtrer sur de la paille. On charge à la fois 6 barriques dans la chaudière; l'opération de la liquéfaction dure 5 heures, et donne, après un repos de 15 à 20 heures, 4 1/2 barriques de térébenthine ordinaire. On retire donc ainsi d'une barrique de gemme du poids de 240 kilog. environ 180 kilog. de térébenthine.

Le procédé d'épuration pour térébenthine commune est sans doute assez imparfait, car il fait perdre dans la paille qui se renouvelle à chaque opération, une quantité notable de résine, d'où on ne retire ensuite qu'une térébenthine opaque et impure d'une valeur beaucoup moindre; mais c'est encore le seul usité, et le mode d'épuration à la vapeur, de l'invention d'un M. Chevalier, mode que tous les auteurs qui ont écrit sur la matière représentent comme exclusivement employé aujourd'hui, est totalement inconnu de tous les fabricants que j'ai consultés.

La térébenthine provenant de l'épuration de la gemme est un mélange d'essence et de résine dont on sépare les deux éléments au moyen de la distillation.

Dans cette opération, dont les principes ne paraissent pas encore bien connus de tous les fabricants du pays, on hâte la formation des vapeurs d'essence en donnant à la cucurbite de l'alambic une forme évasée, qui présente une grande surface de chauffe, en introduisant au sein de la matière contenue dans cette cucurbite un jet de vapeurs qui agissent mécaniquement sur l'essence et l'entraînent avec elles, ainsi qu'en diminuant la pression atmosphérique sous laquelle l'évaporation se fait. La cucurbite n'a pas toujours ici la forme convenable; la vapeur n'est appliquée que dans quelques fabriques du département; le troisième moyen n'a pas encore été essayé. On facilite le dégagement des vapeurs formées en empêchant tout refroidissement de la partie supérieure du chapiteau, et en lui donnant un large col par lequel ces vapeurs puissent sortir avec facilité; ces larges cols sont généralement usités, mais aucune précaution n'est prise pour éviter que les vapeurs qui viennent frapper la partie supérieure du chapiteau, et que leur peu de chaleur latente rend très-condensables, ne retombent dans la chaudière. Enfin, on rend la condensation des vapeurs dans le serpentin d'autant plus complète, que l'étendue superficielle des parois par lesquelles est absorbée la chaleur latente desdites vapeurs est mieux en rapport avec la quantité à liquéfier par heure, et que l'eau de la cuve, agent extérieur de refroidissement, est renouvelée de manière à ce que sa température moyenne ne s'élève pas à plus de 25 degrés.

On charge dans une distillation dont la durée est d'une heure, 180 kilog. de térébenthine, représentant le produit à l'épuration d'une barrique de résine molle; on en retire 40 kilog. d'essence, et il reste dans la cucurbite environ 140 kilog. de matières sèches, que l'on conduit, encore bouillantes, dans une auge ou caisse profonde, où elles conservent assez de chaleur pour pouvoir s'unir aux matières de trois ou quatre autres distillations que l'on y amène. On retire ensuite ces matières de la caisse en les puisant à la poche, et on les passe sur un filtre métallique pour les débarrasser des impuretés qui y sont restées après le filtrage de la térébenthine.

L'essence obtenue retient toujours une certaine quantité d'eau, et souvent un peu de résine qui la jaunit, ou la purifie en la distillant avec de l'eau et en l'agitant ensuite avec du chlorure de calcium. L'essence rectifiée de Bordeaux est supérieure à celle d'Amérique, et donne des vernis d'une plus grande ténacité; il convient de la conserver à l'abri du contact de l'air, autrement elle se colore. L'essence ordinaire du commerce vaut, en moyenne, 80 fr. les 100 kilog.; l'essence rectifiée se vend 10 0/0 plus cher. La matière sèche et transparente est de couleur claire ou foncée, suivant la qualité de la térébenthine traitée; la matière transparente et claire, ou colophane, provenant des meilleures térébenthines, et pour laquelle le second filtrage ci-dessus indiqué doit se faire sur un tissu en laiton d'une extrême ténuité, qui en expulse tous les corps étrangers, se vend de 20 à 22 fr. les 100 kilog.; la matière transparente et brune, ou brai sec, provenant des térébenthines communes, se vend seulement de 10 à 12 fr. L'une et l'autre matière étant très-friables et se réduisant en poudre au moindre choc, doivent être emballées dans des barriques pour être expédiées. Quand on veut, au lieu de brai sec, obtenir de la résine jaune ou hydratée, après avoir passé ce brai sec sur le filtre métallique et l'avoir reçu dans la longue caisse en bois de sapin placée au-dessous, on y ajoute de l'eau par petites portions et on brasse vivement le mélange. Il y reste environ 6 0/0 d'eau, qui donne de l'opacité à la résine jaune et la fait paraître moins colorée. Lorsque le produit est un peu refroidi, on le coule dans des moules en sable, à la manière des fondeurs.

Quelquefois, pour obtenir la résine jaune, on mélange trois parties de brai sec avec une partie de galipot, et de l'eau en quantité variable; alors on obtient un produit plus fluide et de qualité supérieure en raison de l'essence contenue dans le galipot.

La résine jaune, quoique moins riche en matières utiles que le brai sec, se vend le même prix; elle est moins friable, et il suffit de l'emballer dans des bâches en roseaux pour la transporter.

Le barras est, comme on l'a indiqué ci-dessus, traité dans les usines de même que la gemme; on l'épure par liquéfaction dans une chaudière, et par filtration à travers un lit de paille, puis on le soumet à la distillation. De 285 kilog. de barras brut, on retire dans l'épuration 200 kilog. de barras purifié, qui rend à la distillation 20 kilog. d'essence et 120 kilog.

de matière sèche, colophane ou brai sec, ayant les mêmes valeurs que celles provenant de la distillation de la térébenthine.

La paille à travers laquelle on filtre la gemme et le barras, les caisses et tonneaux qui ont servi à renfermer ces matières, enfin tous les résidus des préparations précédentes, contiennent une certaine quantité de résine et de térébenthine que l'on utilise pour la préparation du brai gras. On charge ces résidus dans un four présentant la forme d'un cône renversé, ovale ou circulaire, et on les y brûle; une rigole, percée à la partie inférieure, conduit les produits dans des baquets en bois remplis d'eau, dans lesquels ils se rassemblent. On obtient de cette distillation un liquide brun, rougeâtre, visqueux, qu'on décante pour en séparer le sable et autres impuretés, et qu'on fond dans une chaudière en fonte jusqu'à ce qu'il ait atteint le degré de consistance convenable. Ce produit est le brai gras, qui est très-apprécié dans le commerce. Il se vend à un prix aussi élevé que la résine elle-même (10 à 12 fr.), et paie dans les usines tous les frais de main-d'œuvre.

Les fabriques dans lesquelles sont traités les produits de l'exsudation du pin, et où sont exécutées les diverses opérations ci-dessus détaillées, ont une importance plus ou moins grande. Il en est qui travaillent annuellement 1,200 barriques de gemme et la quantité correspondante de barras, tandis qu'il en est d'autres qui ne travaillent pas plus de 2 à 300 barriques. On peut admettre qu'une fabrique d'importance moyenne travaille annuellement 600 barriques de gemme et 60,000 kilog. de barras. Une telle fabrique comprend : 1° deux réservoirs pour les matières premières, dont l'un pour la résine concrète est un simple hangar fermé, et dont l'autre pour la résine molle, appelé *barck*, est une grande auge creusée dans la terre, à parois en pierres ou en planches, qui peut contenir environ 200 barriques; 2° deux magasins pour les produits, dont l'un pour les résines et colophanes, l'autre pour les huiles essentielles. Ce dernier doit pouvoir contenir 10,000 kilog. d'essence renfermés dans des jarres en terre cuite vernissées, qui sont enfoncées dans la terre et recouvertes par un couvercle en bois luté avec de l'argile; 3° l'usine proprement dite, contenant : deux chaudières d'épuration, de la contenance chacune de 6 barriques; un appareil distillatoire, de la contenance d'une barrique; les auges, caisses et baquets destinés à recevoir les produits; 4° un four à brai gras, indépendant du corps de l'usine et en étant assez éloigné pour éviter les dangers du feu. Les fabriques plus importantes ont encore un atelier de tonnellerie dans lequel se préparent les barriques et barils servant au transport de ces produits; dans quelques-unes de celles-ci se trouve en outre une chaudière à vapeur.

Le nombre des ouvriers occupés dans une fabrique d'importance moyenne est de 4, dont un contre-maître à 3 fr. par jour et 3 ouvriers à 2 fr. 25 c. La quantité de combustible qui s'y consomme s'élève à 60 ou 80 bûches de pin, du prix de 12 à 15 fr. le cent.

Les produits qui y sont annuellement obtenus peuvent être portés à 30,000 kilog. d'essence, d'une valeur de 24,000 fr., et à 120,000 kilog. de résine, d'une valeur de 18,000 fr.

L'essence de térébenthine s'expédie dans tous les grands centres de population, où elle trouve ses principaux emplois dans la peinture, la dissolution du caoutchouc et la fabrication des cuirs vernis.

La colophane sert à la fabrication des savons fins, le brai sec à la fabrication des savons communs. Ce dernier produit est très-employé à Paris pour la préparation des boules de feu, si utiles dans les ménages, et celle des torches, si commodes pour les chemins de fer.

La résine jaune sert en plus grande partie à l'éclairage des ménages pauvres, et trouve un grand débouché dans la Bretagne.

Dans le temps que M. Jouannet publia la statistique de la Gironde, on ne comptait dans tout le département que 18 fabriques de produits résineux, préparant environ 3 millions de kilog. d'essence et de résine. Aujourd'hui, les seuls pignadas des landes du Médoc possèdent 14 usines, qui livrent annuellement plus de 2 millions 1/2 de kil. de produits; les pignadas, beaucoup plus importants, des landes de Bazas, doivent alimenter au moins 20 fabriques, livrant plus de 3 millions 1/2 de kilog., et les pignadas des landes de Béliet peuvent encore entretenir 6 à 7 fabriques, capables de produire 1 million. En somme, la production du département a donc plus que doublé depuis vingt ans.

Fabrication des goudrons et des brais.

Les produits du pin abattu sont, en outre de la tige, qui fournit des bois de charpente, les tronçons et la racine, desquels on retire du goudron et du brai gras.

Le goudron n'est autre chose qu'une huile résineuse noirâtre, qui provient de l'altération qu'éprouvent les bois résineux distillés à une haute température.

Ce produit fut connu des anciens, qui le préparaient par des procédés analogues à ceux encore suivis de nos jours.

Dans les landes de Gascogne, les tronçons et les racines des pins qui ont été épuisés en térébenthine, et qui sont destinés à la fabrication du goudron, reçoivent les préparations suivantes : les tronçons sont exposés à l'air pendant quelques mois, puis découpés en petites bûchettes de 0^{m}05 de diamètre. Les racines sont laissées deux ou trois ans en terre, extraites alors facilement en état de décomposition, et débitées en petits quartiers.

Le seul mode de fabrication suivi est celui que l'on pratique depuis des siècles, et qui consiste à disposer sur une aire conique, à sole circulaire et évasée, les bûchettes et les quartiers de pins, par rangées horizontales superposées, à les recouvrir de brindilles et de gazon, puis à y mettre le feu, que l'on conduit comme dans la carbonisation du bois. Un orifice percé au centre de la sole du four conduit les produits de cette distillation, *per descensum,* dans un caveau inférieur creusé dans la terre, d'où on les retire par une gouttière en tôle qui les amène dans un tonneau récipient. Cette gouttière est placée à une certaine distance du fond du caveau, afin que les corps étrangers entraînés puissent se déposer sur ce fond. Vers le troisième jour après la mise en feu, on la débouche pour laisser écouler les premiers produits de la distillation; à compter de cette époque, on l'ouvre deux ou trois fois par jour. Cette manœuvre a l'inconvénient de mettre souvent le feu à la matière par l'introduction de l'air, et il serait bien préférable de faire plonger la tuyère dans l'eau que contient le tonneau récipient, ce qui éviterait d'ouvrir de temps à autre et permettrait au goudron de s'écouler sans que l'air pût avoir accès.

Une méthode de distillation des bois résineux qui, conduite d'une manière convenable, donnerait des produits plus abondants et de meilleure qualité, est celle qui consisterait à charger verticalement les bûchettes de pins dans un four ellipsoïde construit en briques, avec grille en fer distante de la base, et avec ouverture supérieure pour le chargement et le déchargement. Un foyer latéral, sur lequel on brûlerait du menu bois, formerait de la flamme et de la fumée qui viendraient chauffer le bois à distiller, et se rendraient dans une cheminée après l'avoir traversé. Les produits de cette distillation, opérée sans le contact de l'air, se rassembleraient sous la grille, déposeraient dans la cavité inférieure les corps étrangers, et parvenus à la hauteur d'un tube latéral plongeant dans un récipient extérieur, ils s'écouleraient dans ce récipient, où on les recueillerait.

Enfin, une autre méthode qui pourrait être appliquée avec beaucoup d'avantage à la distillation des bois résineux, est celle du chauffage au moyen de la vapeur surchauffée, pour laquelle MM. Thomas et Laurent prirent en 1839 un brevet aujourd'hui expiré. La vapeur produite dans une chaudière et surchauffée à 300 degrés dans uu serpentin en fer, serait introduite dans une enceinte fermée où se trouverait accumulé le combustible, et elle entraînerait par son courant le goudron, que l'on condenserait par les moyens ordinaires.

Quelle que soit la méthode que l'on suive pour fabriquer le goudron végétal, il sera toujours mélangé d'une certaine quantité d'eau et d'acide acétique, dont il ne peut être complétement débarrassé par la simple chaleur. Sa purification exige qu'il soit aussi saturé par une base, comme le carbonate de chaux, après quoi il devient excellent pour enduire les bois et cordages que l'acide acétique altère.

Le brai gras est une substance dure, un peu cassante à froid, susceptible de s'amollir par la chaleur de la main et de s'étirer alors en fils allongés, qui s'obtient, comme on l'a vu plus haut, des pailles ayant servi à l'épuration de la résine molle et du barras; c'est même le plus estimé dans le commerce. On l'extrait encore du goudron par divers moyens. Ainsi, on peut l'obtenir, lorsqu'on traite dans la préparation du goudron des bois très-résineux, en séparant le produit le plus chargé de résine et en augmentant un peu la consistance par une ébullition ménagée. On le prépare aussi en ajoutant au goudron du brai sec jusqu'à ce que le résidu ait la propriété d'acquérir de la consistance en refroidissant. On l'obtient enfin, et d'une manière plus avantageuse, en distillant le goudron dans un grand alambic et poussant l'opération jusqu'à ce que le résidu ait acquis une consistance convenable, car de cette distillation on retire encore une huile qui est préférable aux huiles grasses ordinaires pour la préparation du gaz éclairant.

Le goudron sert, en son état naturel, pour enduire les bois et les cordages et les préserver de l'humidité. Mélangé avec du noir de fumée, il donne la poix noire, qui a beaucoup d'application dans les arts.

Le brai gras sert à la confection d'un mastic pour la construction des citernes et des terrasses. Dissous à chaud dans le goudron, il est employé au calfatage des navires.

Les goudrons et brais des Landes sont de qualité égale à ceux de la Suède et de la Russie, qui, sans motifs fondés, leur ont été longtemps préférés. Ils se placent avantageusement aujourd'hui dans nos différents ports de mer ; la valeur du goudron est actuellement de 40 à 50 fr. la barrique de Chalosse, d'une contenance d'environ 300 kilog. ; celle du brai gras, de 10 à 12 fr. les 100 kilog. On estime qu'il se fabrique annuellement dans la Gironde de 700,000 à 800,000 kilog. de goudron, et 500,000 kilog. de brai.

Fabrication de l'huile pyrogénée et de la graisse végétale.

Les produits résineux ont donné naissance à plusieurs industries secondaires, dont quelques-unes très-remarquables, comme celle de l'huile de résine dite *pyrogénée*, et celle des savons jaunes. L'une et l'autre de ces fabrications sont pratiquées dans le département des Landes. La dernière seulement est pratiquée dans la Gironde, qui ne compte d'ailleurs en ce moment que deux usines de ce genre, situées dans la ville de Bordeaux, et d'importance fort différente.

Dans l'une de ces usines, on traite 300 barriques au plus de barras pour en tirer l'essence, et on transforme en huile le brai sec qui en provient. Le nombre des ouvriers occupés ici ne s'élève pas à plus de 3. L'appareil distillatoire pour huile se compose d'une chaudière ovoïde de plus de 2 mètres d'élévation, dans laquelle on charge par le haut la matière à traiter, et d'une série de trois réfrigérants servant à la condensation des produits. Ces réfrigérants sont formés de deux vases concentriques en cuivre, l'un extérieur, destiné à contenir l'eau froide, agent de refroidissement ; l'autre intérieur, destiné à condenser ces produits. Le tube qui amène ceux-ci dans le premier vase intérieur plonge jusqu'à sa base, qui est recouverte d'une certaine quantité d'eau. L'huile condensée vient nager à la surface, et se rend, par des tubes inclinés, de ce vase condensateur aux suivants, et du dernier dans le vase récipient. Les deux premiers vases condensateurs sont fermés par un couvercle et garnis d'un gros tube recourbé, par lequel jaillit l'eau quand la pression du gaz devient trop forte, auquel cas on laisse tomber le feu. Du couvercle du second condensateur part un tube qui conduit dans l'atmosphère les produits gazeux incondensables se réunissant dans sa partie supérieure.

Cet appareil me paraît laisser beaucoup à désirer ; il est d'ailleurs plus compliqué qu'il n'est nécessaire. Ce qu'il y aurait de mieux à faire, ce serait de substituer aux trois réfrigérants employés ici un réfrigérant unique, semblable à ceux usités dans les laboratoires, et composé de deux tubes concentriques en cuivre, dans l'intervalle desquels circulerait de bas en haut un courant d'eau froide, tandis que dans le tuyau intérieur descendraient la vapeur et l'huile condensée, qui se rendraient par un tube au fond d'un récipient non fermé.

Quoi qu'il en soit, on opère communément sur 900 kilog. de brai sec ; la distillation, poussée jusqu'à ce qu'il ne s'écoule presque plus d'huile, dure trente-six heures et brûle près de 40 à 45 bûches de pin. On n'en fractionne point ordinairement les produits, qui consistent généralement en 600 litres d'huile mélangée; et comme on fait par année commune 80 distillations semblables, il suit que la quantité d'huile fabriquée ici est de 48,000 litres, soit d'environ 40,000 kilog. La moitié de cette quantité est soumise à une nouvelle distillation et réduite à 15,000 kilog. d'huile rectifiée, qu'on vend pour la peinture, au prix de 40 fr. les 100 kilog.; l'autre moitié est employée brute à la fabrication d'environ 30,000 kilog. de graisse végétale, qui sert à lubrifier les axes des machines, et qui se vend moyennement 30 fr. les 100 kilog. On fait deux qualités de cette graisse : la fine, du prix de 35 fr., s'obtient par le mélange et le brassage à froid, dans un tonneau traversé par un agitateur, de trois parties d'huile et une partie de chaux parfaitement délitée; la commune, du prix de 25 fr., s'obtient par le mélange de quatre parties d'huile, une partie de chaux délitée et une partie de talc moulu très-fin. Cette graisse a trouvé pendant quelques années un très-grand débouché dans les wagons de terrassements des chemins de fer en construction aux environs de Bordeaux; aujourd'hui, son emploi est très-restreint.

Dans l'autre fabrique d'huile pyrogénée de la ville, sont occupés 15 à 20 ouvriers. On n'y traite pas moins de 3,000 barriques de gemme ou barras, dont l'essence serait épurée dans des alambics ordinaires, et on y a pour la préparation de l'huile des appareils distillatoires qui seraient de même forme. On traiterait annuellement dans ces derniers 150,000 kilog. de brai sec, qui produiraient 55,000 kilog. d'huile, dont une partie serait convertie en graisse végétale.

Je ne donne ces derniers renseignements que d'une manière hypothétique, par suite du refus que j'ai éprouvé d'être admis dans ce second établissement. Le propriétaire a-t-il craint que je ne divulgasse quelque procédé particulier qu'il voudrait tenir secret? Alors même, il aurait eu très-grand tort, car il m'est arrivé plusieurs fois de recevoir à cet égard des recommandations auxquelles je me suis toujours exactement conformé; mais il ne paraîtrait point que ce fût ici le cas : on s'accorde, en effet, à dire que l'usine en question peut bien se faire remarquer par l'importance de sa fabrication, mais qu'elle ne brille ni par la nouveauté des procédés qui y sont suivis, ni par la bonne disposition des appareils qui y sont employés. Je me plais d'ailleurs à reconnaître que c'est la seule difficulté de ce genre que j'aie rencontrée dans les nombreuses investigations auxquelles a donné lieu le présent travail, et je prie les honorables fabricants qui ont mis tant d'obligeance à me prêter leur précieux concours, de recevoir ici l'expression de ma vive reconnaissance.

Bordeaux, ce 6 décembre 1859.